SOBRE LAS OLAS DEL MAR

FEDERICO SALGADO

PAGE PUBLISHING, INC.
Conneaut Lake, PA

Primera publicación original de Page Publishing 2020

ISBN 978-1-64334-492-8 (Versión Impresa)
ISBN 978-1-64334-493-5 (Versión electrónica)

Libro impreso en Los Estados Unidos de América

A MIS NOCHES

A mis noches le faltan tus ojos, como estrellas en el firmamento, brillantes que nunca se apagan, porque noche a noche, iluminan nuestro camino, esperando ansiosos el día en que nos encontremos, para ya no separarnos más, sólo me la paso pensando, si tú desearías lo mismo, tanto como yo.

Porque no hago otra cosa más que decir tu nombre, gritarlo a los cuatro vientos, que te amo, que te traigo clavada en lo más profundo de mi corazón, porque tú me entregaste tu amor limpio y puro, de la misma manera te amo y no me cansaré de amarte...

ABRÁZAME HASTA DEJARME
SIN ALIENTO

Abrázame hasta dejarme sin aliento, bésame, que de ti estoy sediento, como loco de amor te busco, delirando entre sueños, buscando tu sonrisa y no la encuentro, volando vas a hacia el firmamento, como si huyeras de mis brazos, y yo sin poderte alcanzar te grito, te grito desesperadamente, ven a mis abrazos que voy a tu encuentro, ven, refúgiate en mí, que a mi lado se terminarán nuestros miedos, ven amor mío, ven a volar a mi cielo, que con tu cariño y con todo tu amor formaremos un paraíso, donde, solo tu y yo, disfrutaremos eternamente, de este amor bonito que nació de un suspiro, y te convertiste en un poema, lleno de pasión, lleno de ternura, abrázame *mujer* divina, que este amor no termina, nace con los rayos del sol y se acurruca, junto a ti, a la luz de la luna. Ven corazón mío, ya estoy listo para ti, para no soltarte y nunca dejarte partir, sé que eres mi destino, tus ojos me lo contaron, pero tu sonrisa me lo confirmó, que tú eres el amor de mi vida ...

ABRAZAME Y LLEVAME
JUNTO A TU PECHO

Abrázame y llévame junto a tu pecho,
quiero sentir los latidos de tu corazón,
quiero sentir tu respirar cuando estoy junto a ti,
quiero sentir como se estremece
tu cuerpo, al sentir
mis caricias, mis besos,
cuando recorro, tu suave
y delicada piel
al unirse con la mía,
abrázame, como si fuera
el último día,
abrázame, como si ya no
te volviera a ver,
quiero llenarme de ti,
sentir el dulce
sabor de tus labios,
y déjame mirar
el brillo de tus risueños ojos.
Porque pienso en ti todo el día
y todo el día es poco,
te traigo metida en la sangre,
y mi alma te grita, te amo
y aquí estoy,
ansioso de mirarte
frente a frente,
de decirte lo que mi corazón
calla, y mi alma
te grita, con impotencia y sentimiento,
porque tú me robaste todo,

te has adueñado de mí
de la forma más inocente,
con tu sencillez y tu forma de ser,
así, solo así
me he convertido en esclavo de tu amor,
solo abrázame, y nunca me dejes
amor mío, porque
tú lo eres todo.
Vida mía...

ABRÁZAME

Abrázame y no me sueltes, quiero llenarme de ti, de tus besos y caricias, con la luz de la luna te amaré, con su brillo en tus ojos, te adoraré, para no dejarte ir nunca más, porque tu vida y mi vida se pertenecen, están unidas, impregnadas de nuestro amor, tómame, amor mío, en tus brazos, regálame tu sonrisa, déjame llevarte de mi mano, al lugar donde soñamos los dos, a dónde la espuma de las olas nos cubran, sintiendo su frescura, y disfrutando lo más hermoso que tenemos, lo más maravilloso, que es nuestro amor, sólo abrázame, bésame, y no te vayas...

ABRE TUS LABIOS

Abre tus labios, dime que me quieres, que no es un capricho, entrégame tu cuerpo y siente mi corazón, te darás cuenta que lo que siento es amor, porque el amor, rompe todas las barreras, va más allá de los recuerdos, el amor nunca se olvida, siempre está presente, en cada latir del corazón, en cada instante, cuando te miro sonreír o cuando te molestas, y sin darte cuenta, es por lo mucho que te quiero, y lo mucho que te extraño, porque mi corazón no te olvida, siempre recuerda esos momentos que vivimos juntos, siempre enamorados, ilusionados y siempre te he sentido mía...

AMOR MIO DE TODOS MIS SUEÑOS

Amor mío de todos mis sueños,
eres el que más anhelo,
eres al que más suspiro,
eres al que más quiero,
pero por ti,
amor mío, por ti, me muero,
si no estoy contigo,
sin tus besos, sin tus caricias,
sin el susurrante te quiero al oído,
te necesito
hoy, mañana,
y siempre amor mío, cerca de mi pecho
para que escuches el dulce canto
de mi corazón,
cuando estás conmigo
queriéndome
imparablemente
y yo deseándote, hambriento de ti,
sediento del dulce sabor de tus labios,
para ahogar este silencio
que se convierte en grito,
que con sólo mirarte
me denuncia de tanto quererte,
de tanto amarte amor mío,
sí al amarte he pecado,
me declaro culpable,
y culpable es el destino,

que cruzó nuestros caminos,
sabiendo que serías mi delirio
y mi dulce castigo,
sí he de vivir condenado, que sea entre tus brazos,
sintiendo tus besos,
amarrado entre tus brazos,
y sintiendo el fuego de nuestros cuerpos, quemándonos
de amor, amor mío ...

AMOR MIO

Amor mío, eres la ternura de mi corazón, el sueño de mi despertar, el suspiro de mis ilusiones, el deseo de volverte amar y mirarte a los ojos, y decirte lo mucho que te quiero, porque si tú faltaras, ya no sería igual, mi guitarra ya no sonará más, todo cambiaría, se volvería gris y triste, se apagaría este amor, y la alegría que siento al tenerte cerca de mí, si me preguntas si te quiero, yo diré te amo.

Porque el amor, es el sentimiento más noble y puro, que hay entre los dos, el amor es fortaleza, confianza, el amor lo es todo, es uno solo, tú y yo, siempre juntos, toda la vida estaré contigo, porque eres todo para mí, hasta el final, eternamente te amaré ...

AMOR

Amor si supieras lo mucho que te quiero y lo mucho que siento por ti, se acabaría la distancia entre tú y yo, porque con este sentimiento, no importarían las barreras, ni los obstáculos que el destino nos pusiera, porque por amor vale la pena luchar, vale la pena arriesgar el corazón, por el amor que nos une, porque es un sentimiento verdadero, inquebrantable, lleno de esperanza y de ilusiones, tú me das la fuerza, el coraje, encendiendo la llama de este amor, que se ha vuelto a ilusionar contigo, porque te amo...

ASÍ COMO NACE EL SOL

Así cómo nace el sol,
así cómo se oculta
para dar paso
al bello anochecer,
así ha nacido mi amor,
con una sonrisa tuya,
y una hermosa mirada
que, al cruzarse entre sí,
brotó una chispa de amor
que se ha convertido
en una llama llena de pasión,
a veces tierna, a veces loca
y a veces atrevida,
pero tiene tu aroma,
lleva el toque de tu sonrisa
y el brillo de tu mirada,
pero con el paisaje de tu cuerpo
que no me canso de mirar,
que cuando llega la noche
te pienso,
imaginando que formamos
nuestro mundo juntos,
siempre amándonos,
porque este corazón
te espera con las puertas abiertas
para que entres
y no salgas más,
espero tu llegada mi amor,
para hacerte muy feliz,
quizá no sea fácil,
pero eres mi complemento,
mi dicha, y felicidad ...

AUNQUE EL TIEMPO PASE

Aunque el tiempo pase
vives, y vivirás, muy dentro de mí,
no es capricho, es la prueba
de amor que te puedo entregar
sin importar lo lejos que te encuentras,
yo sé que hasta allá te llegará
mi amor,
cuando escuches
el canto de un jilguerillo,
o un gorrioncillo cantar
por tu ventana,
pensarás que son los suspiros
y los te amo que te mando,
porque con sus dulces cantos
te arrullará mi amor,
y sentirás el calor del cariño
que siento por ti,
cuanto te pienso
amor mío,
cuanto daría por tenerte
a mi lado,
y llevarte de mi brazo
a donde quiera que vaya,
aunque el tiempo pase,
siempre estarás conmigo,

como hasta el día de hoy,
y yo contigo
estaré siempre, para amarte,
porque para ti vivo,
y sin ti, ya nada sería igual,
eres todo para mí,
eres mi necesidad,
así como eres tú, así te quiero
y así me haces falta
mi amor...

AUNQUE LAS NOCHES
SON ETERNAS

Aunque las noches
son eternas,
cada segundo que pasa
es un suspiro, un te quiero,
un te extraño, a pesar de que no estás conmigo, quisiera tenerte
aquí a mi lado,
poder tocarte, sentir la suavidad
de tu piel, de tus caricias,
al igual que la dulzura
de tus besos, y sentir la exquisita textura de tus labios,
que son mi mejor adicción,
eres el vicio que nunca
quisiera dejar,
y que siempre deseo tener,
te amo, te quiero
amar día a día, quiero vivir así, enamorado de ti,
deseándote siempre,
sin dejar de pensarte, de soñarte,
sin importar el tiempo
y la distancia, porque mi alma
no conoce barreras,
sólo suspira por ti,
y siempre va a donde
tú estás,
eres mi punto de partida

y mi punto de llegada,
eres mi hogar, mi refugio,
porque entre tus brazos
encuentro el calor
que mi alma necesita,
para seguirte amando,
aunque no deje
de pensar en ti,
aunque no estés conmigo,
siempre, siempre
te voy amar,
mi amor...

AYER ÉRAMOS UN PAR DE EXTRAÑOS

Ayer éramos un par de extraños,
sin imaginarnos
que terminaríamos enredados
en un puñado de besos,
y sumergidos
en el mar del fuego de nuestro ardiente amor,
y será nuestra historia
sin fin, porque hoy, hoy
te he comenzado a vivir,
te he comenzado a sentir tan mía,
así como se unen nuestros labios,
y como se mezcla nuestra respiración,
cuando estamos tan cerca, de llegar al cielo,
y tocar el paraíso, al sentir
la dulzura de tus hechizantes besos,
besos que embriagan,
besos que matan de pasión, que desembocan
el fuego que llevo adentro,
dispuesto para amarte, día y noche,
porque eres mi vicio,
y mi mayor necesidad,
de tenerte a mi lado
toda una eternidad.
Porque para amarte llegaste
llena de dulzura,
y a la luz de la luna,
con el brillo de las estrellas,
y con el canto de los grillos,
te voy a amar
con toda la ternura que guardó en el fondo de mi corazón,
porque eres todo para mí
mi amor...

AYER TE ABRACÉ CON MUCHO CARIÑO

Ayer te abracé con mucho cariño
y con mucha ternura,
hoy no solo te abrazo,
hoy te cubro con un amor
que no lo podrás entender,
y solo en el fondo de tu corazón
lo podrás sentir,
porque tú tienes el sentimiento
que me transporta al infinito
de tu dulce sonrisa, a donde
tus hermosos ojos se confunden
con las estrellas,
y donde mis brazos
forman una sábana que te abrazan,
formando un solo cuerpo tú y yo,
llenándonos de ternura interminable,
porque interminable eres tú,
interminables los momentos
felices que he vivido a tu lado,
sintiéndote latir, minuto a minuto, en lo más profundo de mi ser,
eres mi mejor regalo, tal vez sin merecerte,
pero te traigo metida dentro
de mi mente,
y dentro de mi sencillez
te quiero, si te quiero
a mi manera, con todo y mis defectos,

me pongo a tus pies, dispuesto para amarte, hoy mañana
y toda la vida,
porque mi vida, eres tú,
contigo quiero todo, sin ti, no quiero nada,
ayer te abrace con cariño,
pero ahora,
te amo con todo mi corazón...

BENDITO EL DIA

Bendito el día
cuando te conocí,
porque justo en ese día
encontré al amor de mi vida,
justo en ese día empecé a vivir,
nació, dentro de mí,
una nueva esperanza,
una nueva razón de ser,
porque, justo en ese día,
encontré a la mujer
que empecé a querer,
benditos los momentos
que me han permitido soñarte,
y que jamás
podré borrar de mi mente,
porque te llevo dentro de mí
como el latir de mi corazón,
como la sangre
que corre por mis venas,
como los suspiros
que se me escapan
cuando pienso en ti,
porque te amo vida mía,
si este sentimiento
es absurdo,
entonces, sería una locura,
porque locura es este amor
que siento por ti,

al no tenerte cerca de mí,
y siento la impotencia
de no poder estrecharte
entre mis brazos,
para que mires en mis ojos
lo mucho que te quiero,
y puedas mirar en ellos
que mi amor es sincero,
siempre serás
el gran amor de mi vida,
y la reina de mi corazón,
mi amor...

BESAME Y NO TE DETENGAS

Bésame y no te detengas
quiero embriagarme,
con el dulce néctar
de tus labios, quiero sentir
tu respiración junto a la mía,
porque estoy sediento de ti,
tengo mi brazo por tu almohada
y mi cuerpo por tu cobija,
y un corazón que te ama,
porque te traigo grabada
en mi mente,
y no hago más que pensar en ti,
eres caricia para mi alma,
suspiró para mi corazón
y una dulce melodía
que no me canso de cantar,
porque eres el amor
de mi vida,
eres la novia querida,
la novia amada,
la mujer adorada,
bendigo al cielo
el día que te conocí,
porque ese día, empecé a vivir,
pero no me dejes de besar,
quiero amanecer
así, sólo así,
entre tus brazos,

hasta que los rayos del sol
entren por tu ventana,
y que nos descubra, el nuevo día
y así, seguirnos amando
más y más,
porque eres mi mayor
adicción,
eres mi gran amor,
y así quiero vivir, amándonos...

BESAR TU BOCA

Besar tu boca, saborear la dulzura de tus labios como el néctar de la miel, suave y dulce, a veces es más que tormenta, y otras, más que pasión, sentir tu cuerpo junto al mío, es un fuego abrasador, que se desata al sentir nuestras pasiones, al fundirse en uno solo, tus labios tienen el poder de encender la hoguera que tengo dentro de mí, porque mis brazos, junto a ti, se funden en tu cuerpo, quedando esclavizado e inmóvil a tus pies, no hagamos de este amor una fantasía, tú entre mis brazos, yo mordiéndote los labios, lo único que quiero y deseo es ser siempre tu amor eterno, estar a tu lado, junto a ti mi amor...

BESARTE EL ALMA

Besarte el alma es abrazarte con fuerza el corazón, amándote con desesperación, el deseo de tenerte a mi lado, y con estas infinitas ganas que tengo de besar tus labios, para hacer juntos una oración de amor, y otra vez, de la distancia, uniremos nuestras almas, besándonos y queriéndonos más que nunca, donde solo los susurros se escuchen del mudo lenguaje que me provocas al besarte, porque solo tú eres la magia que vive en mí, ojala el destino nos lleve por el mismo camino, porque a ti te necesito, y te quiero aquí conmigo, esta soledad me está matando lentamente, sólo le pido al cielo que no seas un espejismo, para entregarte todo lo que tengo guardado dentro de mi corazón, solo escucha su clamor, solo siente su calor, está listo para arrullarte, para abrazarte, con toda su ternura, y dispuesto para unirse con el tuyo, porque siempre tuyo seré, déjame besarte el alma, para unir mi vida, para siempre, junto a ti, *vida mía…*

BUENAS NOCHES AMOR

Buenas noches amor, recárgate en mi pecho, mientras duermes, para que sientas el latir de mi corazón y escuches lo mucho que te quiero, mi amor, duerme tranquila, yo cuidaré de ti, abrazándote como siempre y amándote como nunca, porque dentro de mi corazón vives y nunca te saldrás, te pertenezco en cuerpo y alma, te amaré desde tu mirada hasta tu sonrisa, desde tus encantos hasta tus locuras, y con toda tu fragilidad, viviré sólo para ti, para hacerte feliz, si yo te robé el corazón, déjame tenerlo en mis manos, para cuidarlo, como te cuido a ti, solo déjame amarte...

CIERRA TUS LABIOS

Cierra tus labios, no digas
nada más, quiero mirarte, quiero enamorarme
más de ti, contemplando
lo hermoso de tus sentimientos, para conocerte, para poderte amar.
Porque lo que aprendí de ti es entregarse con el corazón abierto,
alimentándolo con pequeños detalles, día
a día, llenos de sentimientos,
pero con mucho amor, que no se olviden jamás,
así cuando te miro sonreír, sonrío al igual que tú,
porque mirar tu alegría
me contagia, me das vida,
y yo te sigo queriendo
cada día más.
En tu sencillez encontré a la mujer más hermosa,
en tu corazón
la nobleza de tu alma, y yo a tu lado me siento el más afortunado
de los hombres, porque encontré la joya más preciada,
para quererte y para amarte.
Cierra tus labios, no digas
nada, deja que el destino guíe nuestros pasos,
y que la vida haga su mejor obra,
sólo dime como amarte, para
que no me olvides, porque tú
ya formas parte de mí,
porque ya vives muy dentro
de mi corazón...

COMO NO QUERERTE

Cómo no quererte, si te traigo clavada en mi corazón, cómo no adorarte, si vives presente en mi vida, haciendo eterno este amor que por ti nació, que, aunque pasen los meses, los años, siempre serás la *mujer* que amaré, sobre las olas del mar, a la luz de la luna, escucho al viento tu nombre gritar, suave como la brisa del mar, claro como la luz de la luna, miro tus ojos, como el brillo de las estrellas, reflejadas en la tierna mirada de tu hermoso rostro que me da paz, y que solo en ti encuentro, eres como el abrazo que me conforta, como la caricia que me enternece, y como el beso que me enamora. Cómo no quererte, si eres el pensamiento que tengo en cada mañana, y en mi despertar, eres mi suspirar, y mi primera palabra es te amo mi amor, porque todo lo que encuentras y miras en mí eres tú, el amor que por ti nació en mí, con una mirada y una sonrisa, dos corazones se unieron para latir en uno solo. Cómo no quererte, si mi vida eres tú, mi amor ...

COMO UN LOBO

Como un lobo voy en tu busca, para saciar esta hambre que siento por ti, hambre de tu cuerpo y de tus caricias amor, espero que entre la luz de la luna por tu ventana, para que nos ilumine y nos acompañe en esta noche, noche de amor y fuego, llena de pasión, porque sólo tú enciendes y enloqueces todo el sentimiento que siento por ti, despiertas el paraíso que tengo para ti, y sólo tú, lo habitarás, porque te amo, soy tu fiel esclavo enamorado, como una fiera domesticada, voy llegando a tus pies, rendido ansioso de ti, como un lobo hambriento, te deseo desesperadamente y no tengo más que decirte, que te amo, ven, te invito a mi paraíso, donde juntos seremos felices, amor mío, ven aquí estoy...

CON EL AMOR QUE TE TENGO

Con el amor que te tengo,
y con la pasión que desatas
dentro de mí ser,
me entregó a ti
como el más fiel de los amantes,
como el más cariñoso
de los enamorados,
pero el más apasionado
y lleno de amor por ti,
porque tu provocas
que mis sentimientos
se conviertan en fuego,
y que mi cuerpo, con el tuyo,
formen una hoguera,
donde solo tus labios
y mis labios la pueden calmar.
Porque tengo sed de ti,
quiero beber de tus labios
el vino que embriaga
y de tu cuerpo sentir
el aroma de tu suave y delicada piel,
quiero que tu alma con la mía
se entrelacen y formen un solo ser,
porque unido a ti estoy,
envuelto en un mar de pasión,
empapado de tus besos,

de tus caricias,
de todas las cosas hermosas
que me brindas día a día,
quiero perderme entre tus brazos
y nunca encontrar la salida,
quiero vivir, preso de tu amor,
encadenado a ti para siempre,
porque entre tus brazos
esta mi corazón,
está *mi amor...*

CON EL SABOR DE TUS LABIOS

Con el sabor de tus labios
descubrí que el haberte
conocido no fue casualidad,
el destino quiso que nos conociéramos
para amarnos
con la misma intensidad,
para sentirnos
con la misma dulzura,
para querernos
apasionadamente
y para nunca olvidar
lo que sentimos tú y yo.
Porque tú despiertas
en mí todo tipo de sentimientos
que no puedo controlar,
te he querido de mil maneras,
te he sentido de mil formas inimaginables,
y te he amado
con todo el corazón,
desde el fondo de mi alma.
Sólo déjame amarte,
déjame quererte,
porque este sentimiento
es tuyo, y todo mi corazón
te pertenece,
eres la llama viva
que habita dentro de mí,
que me provoca
amarte más y más,
así, sólo así,

con toda la sencillez
de mi corazón, te voy a querer
y voy a marcar,
en cada poro de tu piel,
un millar de besos
y cientos de caricias
que tengo reservadas para ti,
embriagarme,
con el sabor de tus labios, embrújame
con la magia de tus ojos
y déjame quererte,
de amarte, de sentirte,
como sólo yo sé,
solo déjame llegar a ti
para amarte toda la vida ...

CON SENTIR TU ALMA

Con sentir tu alma al acariciar la mía y al sentir el roce de tus manos por mi cuerpo, es como el primer beso, como si fueran nuestras primeras palabras de amor, que nuestros cuerpos expresan al sentirse llenos de pasión, por un sentimiento donde las palabras sobran, donde las miradas hablan por sí solas, y dónde nuestros labios hablan su lenguaje, donde tus labios embriagadores, impregnados del sabor prohibido, se adueñan de los míos, así como tus ojos risueños, soñadores, embrujadores, me provocan una magia que no puedo explicar, pero que me hacen soñar, me haces volar, y llego hasta donde tú estás, y ahí, muy junto a ti, vuelvo a mi realidad, y descubro lo que es amar, porque tú eres el lienzo donde escribo, eres cada letra, cada palabra, cada suspiro, eres parte de mi alma, de mi vida misma y en mi corazón se encuentra el nido que tú formaste con todo tu amor, con ese sentimiento que tú llegaste a despertar con toda tu ternura, y con todo mi amor te digo cuanto te amo, mi amor...

CON SOLO UN BESO

Con solo un beso me bastó para que me robaras el corazón, sin pensar que, al besar tu boquita azucarada, sería feliz, convirtiéndome en esclavo de tu amor, de tu pasión ardiente, haciéndome adicto a tus besos y caricias que me hacen elevarme al paraíso, así vivo enamorado de ti, disfrutando de este amor, lleno de ilusiones que ninguna otra mujer podrá igualar, porque tú eres el amor de mi vida, eres el fuego, la pasión hecha realidad, sólo tú enciendes el fuego de mi amor, cuando te siento tan cerca de mí, así es cuando te puedo decir que con sólo un beso me bastó, para que me robaras el corazón, ya no sé vivir sin ti, me haces falta cerca de mí, te necesito amor mío, ¿en dónde estás? Ven, que tengo mil caricias para darte, y toda una vida para amarnos, acompáñame, quiero despertar entre tus brazos para llenarte de besos ...

CON TUS BESOS ME CAMBIASTE LA VIDA

Con tus besos me cambiaste la vida, pero con tu amor transformaste mi vida entera, porque desde aquel día en que tu imagen se quedó grabada en mi mente, ya no hago otra cosa más que pensar en ti, eres mi delirio constante, donde deposito cada uno de mis sueños, y de mis ilusiones, pero, sobre todo, mi deseo es estar siempre a tu lado, sintiendo la frescura de tu ser y la dulzura de tus besos, la suavidad de tus manos, con tus besos cambiaste mi destino, porque cada paso que doy, me lleva hacia ti...

CON TUS BESOS

Con tus besos has llenado de alegría a mi existir, al sentirte cerca, muy junto de mi corazón, ven mi amor, envuélvete en mis brazos, te cubriré de besos, con el ritmo de nuestros corazones, haremos la danza del amor, que no terminará jamás, con tus besos y mis caricias, se encenderán nuestras almas, erizando nuestra piel, hasta quedar fundidos en uno solo, ven mi amor, quiero mirarte a los ojos, para decirte lo mucho que te amo y lo feliz que soy a tu lado, quisiera que esta dicha no termine jamás, porque te amo, con tus besos y tu tierna mirada me harás feliz una eternidad, amor mío, siempre te amaré ...

CUANDO CAE LA NOCHE

Cuando cae la noche
me pongo a pensar en ti
y siento tu presencia
tan cerca,
como si el tiempo y la distancia
no existieran,
porque el lazo que me une a ti
es más fuerte que cualquier
otra cosa
que se pueda deshacer,
y esa es la fuerza del amor,
es la fuerza de un sentimiento,
que te dice a gritos,
con mucho amor
que estoy aquí, amándote
como nunca,
y como siempre adorándote,
el quererte es poco,
el amarte no es suficiente,
porque para todo eso
te necesito a mi lado,
estrecharte entre mis brazos,
poder sentir tus caricias,
la dulzura de tu sonrisa
y poder mirar tus ojos risueños,
y si me preguntas
si de verdad te quiero,

te respondería
que ya no puedo estar sin ti,
porque tú para mí, ya eres mi todo,
y así, solo así, hoy te diré
con los brazos abiertos
de par en par,
con el corazón abierto,
que entres y te quedes a vivir
muy dentro de mí, porque tú eres
el amor de
mi vida...

CUANDO EL AMOR LLEGA

Cuando el amor llega,
llega como una flecha
atravesando el corazón,
dejándote inmóvil,
indefenso,
sólo pensando en el sublime sentimiento
que despierta
la mujer querida,
la mujer amada,
por quien apuestas todo,
sabiendo que lo puedes
perder, en un abrir
y cerrar de ojos,
aún así, lo entregas todo
ganes o pierdas,
sólo sé que en esta partida
arriesgo todo, poniendo
mi corazón en tus manos,
sintiendo el amor
latiendo en el pecho,
por ti, aquí estoy
como un león,
convertido en un cachorro,
suspirando por ti,
queriéndote, amándote
como un niño,
pongo mi carta sobre la mesa
esperando ser el ganador,
aunque la suerte
no está de mi lado,
y aunque no soy un Romeo,
aquí estoy, esperando

que tú, seas tú,
quien me dé la suerte
y pueda tener tu amor,
y todo tu corazón.
Porque en las cosas
del amor, siempre será
un albur, aunque
nunca será, un juego de azar,
pero siempre
habrá un ganador,
te quiero sin medida
te amo, con la esperanza
de verte a mi lado,
así, sólo así, tú y yo
desnudando lo más hermoso
de nuestros sentimientos,
dejar al descubierto
nuestras almas,
entregándose y queriéndose
como nunca,
porque en mi vida estás tú, presente
día a día, entregándote
todo mi corazón...

CUANDO EL SOL SE OCULTE

Cuando el sol se oculte,
y la luz de la luna empiece a brillar,
deja tu ventana abierta,
porque esta noche te voy a visitar,
no importa lo lejos que te encuentres,
ni la distancia que tenga
que volar, lo que importa,
vida mía, que esta noche
te voy a cantar,
déjame llevarte serenata
al pie de tu ventana, te voy a entonar
una tierna melodía
que siempre recordarás,
cuando mires la belleza del cielo
en todo su esplendor,
te darás cuenta
que no importa lo lejos que estemos,
porque siempre
nos cobijara el mismo amor,
así como un millar de estrellas
alumbran el firmamento,
y así como la luna
nos entrega su hermosa luz,
así, vida mía,
te abrazo con toda mi alma,
aunque lejos de mi estás,
más ansío verte y tenerte

entre mis brazos
que sentirte ausente,
aunque en mi mente
y en mi corazón vives,
mis brazos te extrañan,
mis labios te gritan,
y mi cuerpo te busca
desesperadamente,
deja tu ventana abierta
porque esta noche
te voy a cantar,
mi amor...

CUANDO MENCIONO TU NOMBRE

Cuando menciono tu nombre
te siento muy cerca,
siento el calor
de tu cuerpo, y la frescura
de tu piel perfumada,
delicada,
como una hermosa rosa,
porque tú eres
el amor en capullo
que empieza a brotar,
y yo desde el día en que te miré,
te empecé a amar,
como si fuera la primera vez,
como si fuera el comienzo
de una gran ilusión,
y ahora se ha convertido
en una hermosa historia de dos corazones
que se encontraron
para nunca más olvidarse,
para vivir enamorados
y siempre entregándose
por completo, al amor
como dos eslabones
inquebrantables,
sin importar los obstáculos,
siempre unidos,
porque tú eres el complemento
de mi corazón,
mi amor...

CUANDO PIENSO EN TI EL TIEMPO SE DETIENE

Cuando pienso en ti el tiempo se detiene, no corre más, hace pausa, para que tu corazón junto al mío, escriban la mejor historia de amor, porque estando contigo todo es paz y tranquilidad, sintiendo tu calor, lleno de amor, y mirando el brillo de tu radiante mirar, que me enloquece, y me enamora, cada día más y más, porque te amo vida mía, siempre te amaré, es un privilegio haberte conocido, como también amarte como te amo...

CUANDO PIENSO EN TI

Cuando pienso en ti
siento la necesidad
de estar a tu lado,
de sentirte, de escucharte
de tenerte entre mis brazos,
deseo sentir
el calor de tu amor,
y de tu mirada que enciende
el sentimiento que siento por ti,
no importa
que te encuentres lejos o cerca,
sé que tarde o temprano
nos encontraremos
para tomarnos de las manos
y no separarnos más,
porque este amor
que tengo guardado,
está reservado sólo para ti,
y mis labios no dejan
de nombrarte,
porque están sedientos
de tus besos, eres mi vicio
y me haces falta,
mi vida no es vida si no estás a mi lado, porque cada día que pasa,
te amo, más y más,
mi amor...

CUANDO TE CONOCÍ

Cuando te conocí nunca pensé, que llegaría a sentir algo tan especial por ti, pero la vida me sorprendió con tu presencia de mujer, con la esencia que desprende tu hermoso ser, cada día que pasa, me da nuevas alegrías, porque eres mi razón de ser, eres el motivo, y el sentimiento que siento por ti, porque eres mi todo, mi sueño del cual no quiero despertar, pero cuando despierte, desearía que estuvieras a mi lado, para toda la vida, para culminar, y vivir nuestra realidad, tú y yo, nunca pensé amarte como te amo hoy...

CUANDO TE DIGO QUE TE QUIERO

Cuando te digo que te quiero,
no es solo por quererte, es sentir
que vives dentro de mí,
que entiendes, que mis sentimientos son para ti,
que todo tu cariño, todo tu amor
son para mí,
porque nos entregamos
con locura, el día que nos conocimos
decidimos amarnos
sin frenos, desembocando
nuestros sentimientos sin límites, quitando todas las barreras
que nos impiden abrazar
con fuerza la ternura
que esconden nuestras almas,
para entregarnos
por completo al amor,
tú y yo,
y así nos llama,
gritándonos incansablemente, esperando poder escuchar
el dulce sonido de nuestros corazones, latiendo siempre juntos,
vibrando de emociones,
como cuando te acaricio el alma,
y te cubro con un manto de besos
tu hermoso rostro,
que traigo grabado en mi mente,
lo tierno de tus hermosos sentimientos
que son incomparables,
únicos, y fueron diseñados

solo para amarte
una y otra vez,
porque de la dulzura
y el amor naciste
tú, como rosa en primavera,
solo para amarte eternamente,
y así viviré para ti,
enamorándome cada día más de ti,
para que la llama del amor
nunca se acabe, te tatuaré
mis besos con tinta del corazón,
para que siempre sientas lo mucho
que te amo yo...

CUANDO TE MIRÉ POR PRIMERA VEZ

Cuando te miré por primera vez, decidí tirar el ancla en el puerto, porque las olas de tu apasionado amor, me llevaron a ti, donde tus labios al besarlos, forman un tsunami embravecido, y no me puedo contener ante tu presencia, si mi corazón no me engaña, tú serás mi chica ideal, la que me acompañe en este largo caminar, no sólo de ilusiones, pero juntos enfrentaremos todo lo que venga, los buenos momentos los viviré a tu lado, los demás Dios dirá, por ahora solo importamos, tú y yo, si cuando te miré por primera vez, pegué un grito al viento diciendo tu nombre, para que éste te llevara el mensaje y te dijera lo mucho que yo te quiero, así es como me acuerdo de ti, así vives dentro de mí y si hay un lugar dentro de ti, déjame tocar las puertas de tu tierno corazón, para que pueda entrar y quedarme a vivir a tu lado, que es lo que más yo quiero, vivirte como nunca, amarte sin frenos, sin tiempos, solo amarte eternamente, sin prisas, solo viviré para ti, para hacerte feliz *amor* ...

CUÁNTAS VECES NOS SENTAMOS JUNTOS

Cuántas veces
nos sentamos juntos, para mirar
el brillo de la luna,
si cada noche has estado junto a mí,
cuántas noches nos acompañó
en nuestros interminables desvelos,
si cada noche nos acompañado con su hermoso brillar,
es ese hermoso brillo reflejado en la belleza de tus ojos,
como si fueran un par de estrellas, sencillamente inalcanzables,
llenos de sentimientos, destilando
inspiración
para quien los sabe mirar con los ojos del amor,
son tus ojos los que me quitan el sueño,
los que me invitan a quererte más,
no sólo a sentirte, es más que verte, más que desear el tenerte
que estés a mi lado,
sería la puerta de la felicidad, estrecharte lentamente,
sentirte presente en cada latido,
en cada suspiro,
de mi vida,
porque mi vida eres tú,
eres la sonrisa quien le coquetea
a este loco corazón, que no solo te quiere cuando calla,
sino que te ama a grito abierto, aunque a este
no lo logres escuchar, solo siente y
escucha que el que te habla es mi corazón...

DAME TU MEJOR MIRADA

Dame tu mejor mirada,
porque en ella encuentro
el brillo de las estrellas,
quiero tu mejor sonrisa,
porque de ella
saldrá la mejor melodía,
voy en tu búsqueda,
quiero mirarte
para hacer mi mejor canción
y escribirla sobre tu piel,
para que con el sonido
de la guitarra
vibré tu cuerpo, y llegué hasta tu alma, y puedas decirme
que me amas
porque tus palabras
son más que música,
le dan vida a mi alma
y me llenas de inspiración,
porque tú eres, más que todo
solo tú eres mi corazón...

DARÍA TODO POR TENERTE

Daría todo por tenerte
a mi lado, de poder abrazarte,
de tocar tus suaves manos
y mirar la hermosura
de tus ojos,
daría todo por estar
cerca de ti,
y poderte demostrar
cuánto te amo,
rompiendo toda distancia,
toda barrera, que nos separa.
Porque con amor todo es posible,
todo se logra
por estar cerca de ti,
y por un solo beso tuyo
daría mi vida,
porque dentro
de mi corazón ya vives,
eres mi cielo, mi paraíso,
eres mi fruta prohibida
que me hace caer en tentación.
Si por amarte me condeno,
que mi condena sea en tus brazos,
porque por ti daría todo,
eres todo el amor de mi vida,
solo bastó una mirada tuya,
para que me arrebataras
mi corazón
y mi voluntad, ahora estoy aquí deseoso por mirarte,
y con ganas de besarte,
para hacerte el amor
de mi vida…

DATE CUENTA QUE NO SOLO TE QUIERO

Date cuenta que no solo te quiero
entiende, que eres el amor de mi vida,
que eres el eslabón que me faltaba,
y que el destino nos puso
en el mismo camino
para que nos encontráramos,
y así, realizar nuestro destino juntos,
construyendo nuestros caminos
en armonía y amor,
no te pido más de lo que
me puedas dar,
solo un poco de cariño,
solo un poco de comprensión,
y un toque de dulzura
que me vuelva loco,
porque loco estoy por ti,
solo déjame besarte los labios,
abrazarte el alma,
y rasgarte el corazón de amor,
para que sientas
que soy prisionero de tus besos,
de tus brazos,
sí, ese soy yo, así te pienso
así te siento,
y así te llevo impregnada en la piel
como un tatuaje imborrable,
solo callaré un instante

para besarte, para sentirte
y para amarte,
ya no puedo estar sin ti,
cada minuto, cada segundo
que pasa,
es una eternidad sin ti,
sólo ven mi amor,
déjame amarte,
vida mía...

DE MIL MANERAS TE HE AMADO

De mil maneras
te he amado,
pero de una sola has vivido
dentro de mí,
has llenado el vacío que había
dentro de mi corazón,
porque en ese vacío
hice el nido especialmente
para ti.
Para ti tengo todo el cariño
empapado de ternura,
para bañarte de besos y llenarte
de abrazos,
porque desde que llegaste
a mi vida,
me entregué a ti en cuerpo y alma,
con el corazón abierto
dispuesto para que lo habites,
decidido a ganar o morir,
solo, dime tú, de qué forma
debo de amarte,
de qué manera llegó a ti,
sí siempre que trató
de acercarme,
siento que te alejas más, y más,
como si el viento, estuviera celoso
de que te quiera, de que te ame,
porque solo

él es capaz de acariciarte,
de jugar con tu cabello,
de acariciar tus suaves labios,
solo dime, qué rumbo debo tomar
y de qué forma te debo amar
para hacerte muy feliz,
quiero sentirte, amarte, vivirte
de mil maneras, como solo,
tú te lo mereces,
mi amor...

DEJA QUE TU DESTINO Y EL MIO SE JUNTEN

Deja que tu destino
y el mío se junten
para que caminemos de la mano
tú y yo,
deja que te mire a los ojos,
para que se quede plasmada
tu mirada en mi mente
y en mi corazón,
para que nunca olvide
que eres mi gran amor,
deja que te abrace,
deja que te sienta hasta el fondo
de mi alma,
y pueda sentir tu amor de verdad,
y déjame mirarte de frente,
para decirte, cerca al oído,
que sin ti no vivo,
que te amo de verdad,
y si el conocerte fue casualidad,
entonces déjame abrazarte
por completo,
porque no quiero ser una historia
en tu vida,
quiero vivir la historia
de nuestras vidas a tu lado
tú y yo,
porque enamorado, de ti estoy
y así quiero vivir,

sólo para ti,
con un corazón abierto,
con un alma enamorada,
y con unos brazos llenos de amor
para quererte,
para llenarte de caricias,
y para abrazarte muy fuerte
con todo mi amor,
solo escucha como late
mi corazón, y es por ti,
porque eres el amor
de mi vida...

DÉJAME ABRAZARTE

Déjame abrazarte te quiero enseñar a amar, poco a poco, desde el principio, quiero abrazar tus dudas, quiero abrazar tu vida, cubrirte con todo mi amor, llenarte de ilusiones, para vivirlas y hacerlas realidad, porque mi realidad eres tú, eres el manantial donde voy a saciar mi sed, eres los te amo que todavía no he dicho, eres el canto que quiero escuchar por las mañanas, eres la ternura que anida en mi alma, porque para siempre serás vida de mi vida, déjame abrazarte, para que sientas el amor que siento por ti ...

DÉJAME CONOCERTE

Déjame conocerte,
quiero ser yo,
quien descubra
tu verdadero ser,
quiero descubrir
tu esencia de mujer
la que me llevó
a perderme en ti,
a perderme
entre tus brazos y tus besos,
en tu cuerpo
ardiente apasionado,
pero a la vez lleno
de ternura,
déjame conocerte
quiero llegar hasta
donde tú estés,
no importa el tiempo
y la distancia lo que importa
es estar junto a ti,
tú me conoces mejor que nadie,
sabes que mi corazón
te pertenece,
que soy tuyo en cuerpo y alma, déjame estrecharte
entre mis brazos
y hagamos un manantial
de nuestro amor,
donde nos podamos saciar
tú y yo, porque nuestras vidas
se pertenecen, se complementan
y sabes una cosa,
que tu corazón ya lo sabe...

DÉJAME ENTRAR

Déjame entrar dentro de tu corazón, me he acostumbrado a estar cerca de ti, muy dentro de tu ser, porque no solamente estando contigo me llevas al paraíso, sino también, escuchando tus palabras, cuando dices te amo, es una melodía que me alegra la vida, me imagino a tu lado amándote y queriéndote una eternidad, como si fuera la primera vez, el día que te miré a los ojos, ese día me robaste todo el amor, déjame entrar dentro de tu corazón, para que te amé y te entregué todo mi amor...

DÉJAME VOLAR A TU LADO

Déjame volar a tu lado,
para dejar de ser una historia
y empezar a grabar
un presente
en nuestros corazones,
que sea la historia de nuestro
gran amor,
sin juramentos, porque sólo
tengo una vida para amarte
y entregarme a ti
por toda una eternidad,
en mi vida te amaré
con todas mis fuerzas,
en la eternidad, te adoraré
por siempre,
porque siempre serás,
el amor de mi vida,
porque llegaste a mí
como un milagro, eres un regalo,
eres una bendición,
déjame acurrucar mis sentimientos
en tus sentimientos,
y que mi corazón te diga
lo que siente por ti,
déjame besarte el alma,

déjame sentir
la suavidad de tu cabello,
quiero llenarte de ternura,
quiero amarte sin frenos,
sin tiempo, sin fin,
porque a tu lado encontré el nido
que buscaba mi alma,
y que ahora, de tu mano volaré
a un paraíso
que descubriremos los dos,
mi amor...

DESDE ESA NOCHE

Desde esa noche no dejo de pensar en ti,
no fue casualidad
cuando el destino fue el que quiso unirnos
de esa manera, para amarnos
con todas nuestras fuerzas
y vivamos, en nuestros corazones,
lo más hermoso que se vive
entre tú y yo,
que es el amor más grande y hermoso que compartimos
y aunque pasen los días,
las horas, sigue viva
la llama de nuestro amor,
porque te llevo muy dentro, pero muy dentro de mi corazón.
Cómo quisiera
plasmar mis besos
y mis caricias sobre tu hermosa
y delicada piel,
para que no me olvides,
y siempre recuerdes, los momentos más
felices que hemos vivido juntos,
esos momentos serán una eternidad
y siempre llevaremos presente
lo que tú y yo somos,
porque desde esa noche
no dejo de pensar en ti mi amor,
y siempre, te traigo junto
a mi corazón...

¿DÓNDE ESTÁS AMOR MIO?

¿Dónde estás amor mío? Te he buscado en las verdes praderas, en el canto de los ángeles y no te he podido encontrar, porque te extraño, no lo niego, me hace falta tu mirada y esa sonrisa tuya, que me hace feliz cada día, cada instante, ¿dónde estás amor mío? Ven que te espero con el corazón abierto y con mis brazos ansiosos por abrazarte, mis labios sedientos por besarte amor, quiero amanecer entre tus brazos, y por las mañanas llenarte de besos y tiernas caricias, sintiendo el roce de tu piel atada junto a la mía. ¿Dónde estás? Te pienso todo el día, mientras que por las noches te sueño, deseo no despertar, para seguirte soñando, toda la vida mi amor. Vivo para ti, mi destino eres tú, me falta toda una vida para quererte, y una eternidad para amarte y hacerte feliz, porque estoy enamorado de ti ...

¿DÓNDE ESTÁS?
PREGUNTA MI ALMA

¿Dónde estás? pregunta mi alma,
¿dónde estás? que cuando cae la noche
te siento siempre junto a mí,
abrazada entre mis brazos,
acariciando tu suave y perfumado cabello,
llenándote de caricias y dulces besos,
recorriendo tu cuerpo
y mordiendo tus tiernos labios,
así los dos incendiamos
la noche, sin pausa, sin tregua,
la noche nos esperaba,
la luna nos acompañaba,
siendo nuestro único testigo,
en esa noche de amor llena de pasión,
fundida con el fuego de nuestro ardiente amor,
que solo con mirarte y sentirte junto a mí
prendes la hoguera de la pasión,
¿dónde estás?
Ven, que te espero con los brazos abiertos,
dispuestos para amarte,
para quererte toda la vida,
caminar de tu mano en las buenas
y en las malas,

para llenarme de ti, vivir por ti, porque eres mi motivo,
eres mi dirección
y todo lo que busco, eres tú,
en ti lo encuentro todo, contigo
no me falta nada,
eres mi fuego, mi pasión
y todo lo que hay dentro de mí,
que es mi eterno amor
solo es para ti,
amor...

EL NÉCTAR DE TUS LABIOS

El néctar de tus labios es el sabor más exquisito, que mis labios han probado son tus besos embriagadores, adictivos, incomparables, con sólo un beso me seduces, me envuelves entre tus redes, me llenas de lujuria y deseo, sólo tú tienes la magia, para saciar mi sed, para llenar este vacío, y estas ansias de amar, que siento por ti que nunca se terminan y siempre quiero más de ti, de tu cuerpo y de tu amor, tú enciendes este fuego tan intenso que hay en mí, nunca dejes de amarme, porque nunca dejaré de besar tus labios seductores y embriagadores...

EL PARAÍSO LO ENCONTRÉ EN TUS BRAZOS

El paraíso lo encontré entre tus brazos
besos y caricias, y en la dulce belleza
de tus radiantes ojos, que penetran
hasta el fondo de mi alma, haciendo
brotar el sentimiento
del amor, de la ternura,
de todas las cosas bellas
que a tu lado encuentro,
y que no me canso de sentir,
eres un mar de sentimientos,
y tus ojos un puñado de estrellas,
que con la luz de la luna
reflejada en tu rostro,
encuentro el paraíso escondido que nadie ha descubierto,
porque está escondido en el fondo de tu alma
y en el fondo de tu corazón,
dónde se encuentra el más puro
y noble amor, donde los suspiros
y susurros son sinceros,
donde las palabras sobran
y los besos
no son suficientes
para saciar la sed que tengo de ti,
para calmar el deseo ardiente
que tengo por tenerte
entre mis brazos,
eres mi paraíso,
eres mi tesoro, eres lo que más quiero, lo que más amo,
y lo que más extraño,
vida mía...

EN CADA MOMENTO, EN CADA INSTANTE

En cada momento, en cada instante de mi vida, contigo, viví los momentos más hermosos y placenteros, porque a tu lado no es solo un momento, no es un instante, es la vida entera que disfruto de tu presencia, de tu aroma, es la esencia que enamora es la esencia que despierta mis sentimientos, cuando te siento a mi lado rosando mi piel y sintiendo la suavidad de tu cuerpo perfumando, me embriagó bebiendo la miel que destila tu esencia de mujer, llenándome de ti, llenándome de tu amor, recorriendo tu cuerpo por completo, llenándote de caricias y tatuando mis besos en tu hermosa piel, déjame recorrer el mapa de tu cuerpo, para que quede grabado en mi memoria, para siempre llegar a ti, porque en ti está mi hogar, a donde siempre me gusta volver y de donde nunca me ha gustado partir, contigo quiero todo, porque a tu lado así, sólo así, amor mío, soy feliz...

EN CADA NOCHE QUE TE BUSCO

En cada noche que te busco
te encuentro en el cielo
lleno estrellas, en el brillo
de la luna y al murmullo
del viento, lo escucho decir
tu nombre, que llevo grabado
en mi mente, como una dulce melodía, como me gusta recordar
tu bella sonrisa y tu tierna mirada,
eres un encanto hecho mujer,
eres todo lo que necesito
y todo lo que me hace falta,
todo lo encuentro en ti,
porque de ti estoy enamorado,
me paso horas enteras
pensando hasta cuando
te voy a mirar y poderte estrechar
entre mis brazos, mirarte a los ojos
y poder decirte lo mucho que te amo,
a pesar de la distancia, te siento junto a mí, cuando hay amor,
no importan los obstáculos,
solo déjate amar, déjate querer,
quiero consentirte, mimarte,
que te sientas
como una delicada flor
entre mis brazos,
que yo seré tu jardinero,
para quererte, para cuidarte
y amarte,
porque en cada noche
que te busco
te encuentro siempre junto a mí,
amor mío...

EN ESTA NOCHE VOY A ROBARTE

En esta noche
voy a robarte
lo más hermoso
que tienes,
que es el sabor
de tus labios,
es el sabor prohibido,
dulce y seductor, adictivo, embriagador,
así como tu cuerpo,
suave, provocativo,
que envenena
y me roba la calma
cuando te acarició
de pies a cabeza
y te digo al oído
cuánto te quiero,
pero cuando te miro
a los ojos
y te muerdo los labios,
me convierto en presa
fácil de tu amor,
y de toda la pasión
que destila tu hermoso cuerpo,
porque contigo,
he encontrado el amor,
ese sentimiento
que llega en un instante
y se queda para siempre,

anidando,
en nuestros corazones,
y se roba nuestras almas haciéndonos esclavos
de la inmensa pasión
que nos invade
en cuerpo y alma,
son los momentos
que quisiera no pasarán,
quiero permanecer
así, junto a ti, abrazándote,
amándote toda la vida,
porque tú eres
mi amor,
y yo soy ese esclavo enamorado,
que, noche a noche,
te llega a robar un beso,
una caricia y un abrazo
lleno de amor...

EN MI CAMINAR HE TROPEZADO

En mi caminar he tropezado
cientos de veces,
más tú has llegado
a levantarme,
dándome tu mano
sin mirar atrás,
siempre con la vista
de frente, dándome ánimos
para seguir el camino
que tú llevas,
solo tú me das la confianza
de seguir luchando
a tu lado, sin importar
los obstáculos
que se presenten,
pero siempre
con un mismo objetivo,
una misma dirección,
tú y yo siempre juntos,
hoy te doy gracias
amor mío,
pues a través de tu mirada
siento tu amor,
siento lo mucho que me amas
como yo te amo a ti,
porque a través

del tiempo me he dado
cuenta que eres
mi otra mitad,
eres mi otro yo,
eres el aire que respiro,
eres el sol que calienta mi piel,
eres la hermosa mujer
a la cual amo,
y estoy enamorado,
gracias por cada instante,
por cada momento
que llenaste a mi vida
de felicidad...

EN MIS OJOS SE REFLEJA

En mis ojos se refleja el tierno rostro de la *mujer* que sea adueñó de mi vida, con solo una mirada y una sonrisa, quedé atrapado en la magia de tu tierno corazón, anidándolo, queriéndolo y besándolo con todo mi amor, porque tú, siempre tú, serás la dueña de todos mis sentimientos, y en medio de mi silencio, serás el grito que retumbe entre el cielo y las estrellas, entre mis sueños y tus suspiros, nuestros corazones se hablan y nuestros ojos gritan, se ahogan en un profundo silencio tratando de gritar lo que cada uno guarda y siente, aunque vivas en el reflejo de mis ojos, a mí me haces falta en mi vida, eres mi complemento, eres el beso que me falta por las mañanas, y tú, amor mío, dime si tu corazoncito está de acuerdo conmigo, porque yo estoy bien enamorado de ti, callar ya no puedo, mis ojos me delatan con solo mirarte, con solo sentirte, porque ellos saben que eres el amor de mi vida...

EN NUESTRO VIAJE

En nuestro viaje sólo existiremos tú y yo, así como nació nuestro amor, haremos que perdure toda una vida, pero si te vas, llévame contigo, porque sin ti, mi vida no es vida, eres el motivo, la razón por la cual yo te amo, es por eso que sigo a tu lado, porque te amo, te doy la razón y un motivo para que vuelvas vida mía, cuando la luz de la luna ilumine tus ojos y el viento acaricie tu cabello, seré yo quien te acaricie profundamente, porque eres y siempre serás, el amor de mi vida y por ti no morirá jamás...

ENAMORARTE ES COMO
ABRAZAR A UN ÁNGEL

Enamorarte, es como abrazar a un ángel en pleno vuelo, sintiendo el roce del aire en nuestro cuerpo, y las caricias de tus delicadas manos deslizándose por mi piel, es como tocar el cielo metido entre tus brazos, como saborear la miel mordiendo tus sedosos labios y así me pasare el tiempo, bebiéndote a sorbos de besos, besándote sin parar, hasta que llegue la noche y volvamos a empezar, dejando que la casualidad nos haga realidad un sueño eterno, que no termine jamás, déjame enamorarte, para que tengas de recuerdo que mi abrazo siempre abrigará tu cuerpo y que nuestros labios nos darán el sabor del vino que nos embriague apasionadamente, hasta perdernos, en el encanto de la magia del amor, arrancándonos suspiros, quemándonos la piel a fuego lento, ahogando la espera del mañana, ignorando su llegada, con miradas insinuantes, con nuestras manos entrelazadas, sería como enamorarte, abrazando a un ángel con solo una mirada apasionada...

ENSÉÑAME LO QUE ES AMAR

Enséñame lo que es amar,
porque no quiero olvidarme de ti,
quiero que me enseñes
lo que es el presente
en tu vida,
porque el futuro lo veo a tu lado.
Quiero disfrutar día a día
junto a ti
lo que me falta por vivir,
enséñame
a sentir tus sentimientos,
tu cariño y toda tu ternura,
con toda la inocencia
que guarda tu alma,
enséñame a sentir
la dulzura de tus besos,
porque quiero recordarlos
en toda mi eternidad,
quiero vivir a tu lado
la más hermosa
de las historias
que nuestras memorias
siempre recordaran,
como recuerdo
tu hermoso nombre,
así te recuerdo y así te pienso
con mucho amor,
eres mi mayor placer,

la dulce miel
que han probado mis labios,
y mi mayor manjar
eres simplemente tú,
que cuando te pienso
cierro mis ojos
para contemplarte,
porque con solo pensarte
me alegras el día,
sí supieras cuánto te amo,
y cuánto daría
por tenerte a mi lado,
mi vida...

ENTRE LA PLUMA Y EL PAPEL

Entre la pluma y el papel,
pongo mis sentimientos
para escribirte,
con tinta del corazón,
mi más puro y sincero amor,
porque las palabras y las líneas no son suficientes para expresarte
lo mucho que te quiero yo,
tal vez, sí lo grito, no me escuches,
pero al escribirlo,
espero lleguen hasta el fondo de tu alma,
para que, a través de la luz de tus ojos,
brille una chispa de ilusión,
con la esperanza, sea tu prueba
de amor,
y la sonrisa que te provoque,
será el primer beso que te robe,
rompiendo las barreras y la distancia
que se interpongan entre tú y yo,
porque te quiero,
así, de la forma más limpia y pura,
como tú me has enseñado a querer,
como tú, te lo mereces,
me robaste la voluntad,
y ahora, cada suspiro lleva tu nombre,
en cada pensamiento estás presente,
y en toda mi vida,
vives dentro de mí,
si te parece absurdo,
el no quererte sería una locura,
pero te amo, si, te amo locamente,
porque estoy enamorado de ti...

ENTRE MIS BRAZOS

Entre mis brazos descansa cuando soñar no puedas, te cubriré del frío, te arrullaré para que no sientas miedo alguno, y de besos te llenaré, diciéndote: "te quiero mi amor", porque tú eres amor, ternura y esa poesía que me inspira, cuando te miro sonreír, ven, entre mis brazos, descansa, y mientras duermes, me deleitare admirando la sencillez de tu alma, amor mío...

ERES A QUIEN AMO

Eres a quien amo, porque a tu lado, siempre he sido esclavo de tus besos, esclavo de tus brazos y sediento de tu amor, me faltas a mi lado, te necesito en mi vida, no para un rato, ni por unas horas, te quiero para toda la vida, porque este corazón, no te olvida, cada día te quiero más y más, por eso eres a quien amo, para toda la vida te amaré, eres el mejor verso, la mejor nota, eres la música que alegra a este enamorado corazón, que está loco y desesperado, por amarte mi amor...

ERES COMO LA LLUVIA

Eres como la lluvia
que moja mi cuerpo,
eres el oasis
donde sació mi sed,
porque tú para mí
eres mi mayor
necesidad,
eres como las estrellas
que brillan en el infinito,
que adornas mi cielo
en cada anochecer,
porque en la ternura
de tus ojos encontré
mi verdadero ser,
eres mi paraíso soñado
donde, a tu lado, encuentro
la dulzura de un beso,
la ternura de tus brazos,
y la dulce pasión
de tu cuerpo,
donde el tiempo no pasa
donde todo se detiene,
donde nada importa,
sólo eres tú,
y nada más.
Déjame amarte,
no importa

el tiempo que sea,
solo déjame
hacerte feliz,
porque eres el amor
de mi vida,
quiero ser yo quién pruebe
la dulce miel
de tus labios,
y sentir el tierno calor de tu cuerpo,
porque te estoy
amando, más y más,
vida mía...

ERES COMO LA PLUMA
DE UN ÁNGEL

Eres como la pluma de un ángel que me acaricia el alma cuando pienso en ti, aún sin tenerte, me arrancas suspiros con solo sentir tu presencia, con solo sentir el rose de tus caricias, y sabiendo que eres tú me acorruco en la suavidad de tu plumaje para llenarme de tu incomparable amor, que en el reflejo de tus ojos mire, y por más lejos o más cerca que te encuentres, me has enseñado a quererte, y poco a poco he aprendido amarte, porque llegaste como una bendición y no como capricho de la vida, entre más cerca te siento junto a mi pecho, más te quiero, y más te adoro. ¡Cómo te extraño! Si supieras la falta que me haces y lo mucho que te necesito, las palabras no son suficientes para explicarte lo que siento por ti, porque todo lo que miras y todo lo que sientes en mí es por ti, nunca había tenido motivos, ni razones para querer, y ahora te puedo decir, que tú eres mi todo, como la pluma de un ángel que llegó para llevarme a volar a tu cielo, a donde, tú y yo, desnudamos nuestros sentimientos y los plasmamos en un lienzo dorado lleno de nuestro amor, donde tú serás la *mujer* que siempre amare amor mío...

ERES EL AMOR DE MI VIDA

Eres el amor de mi vida,
eres mi primer pensamiento
que tengo cuando despierto
y provocas todos
mis suspiros
cuando pronuncio tu nombre.
Eres el amor de mi vida,
no lo puedo ocultar,
te traigo clavada
en el corazón
como en mi pensamiento,
quiero ser el único
que cierre tus ojos cuando te bese,
quiero ser el único
que acaricie tu cuerpo,
quiero ser el que provoque
una sonrisa
de tus hermosos labios,
porque eres mi princesa,
eres el amor de mi vida,
deseo ser quien alegre
tu corazón,
quiero ser el brillo de tus ojos
y el que te provoque
una sonrisa.
Eres el amor de mi vida,
eso y más, porque
solo tú vives y reinas en mi corazón
vida mía...

ERES EL AMOR

Eres el amor de mi vida,
eres la mujer querida,
eres el amor
que un día soñé tener
entre mis brazos,
entrelazados,
juntos tú y yo,
unidos por un motivo
y una sola razón,
y es la que me lleva
siempre hacia ti,
dirección que tomo,
cada camino llega a ti.
Por eso te digo
que siempre que miro
hacia el ancho mar,
miro una hermosa mujer,
como en una tarde de verano caminando
en la orilla del mar,
te escucho cantar y digo:
"que criatura tan hermosa
sirena encantadora",
que con solo mirarte
me enamoras,
cautiva tu belleza
de mujer hechicera,
cuánto te quiero
y cuánto te amo...

ERES MI ÁNGEL

Eres mi ángel, la que me da calor cuando tengo frío, la que me da confianza cuando tengo miedo, eres tú quien me ama, eres mi ángel, tan llena de ternura, de cariño. Tú me diste el paraíso aquí en la tierra, dándome alegría, en tus brazos, he conocido el paraíso junto a ti, no hay dolor ni sufrimiento, todo se terminó contigo, he conocido el amor, porque desde que te conocí, a tu lado, volví a ser feliz, dejé de querer, porque tú me enseñaste amar, y ahora no puedo estar sin ti, sin tu presencia, sin tu cariño, porque eres el ángel que llegó a mi vida...

ERES EL FUEGO DE MI CUERPO

Eres el fuego de mi cuerpo, eres la llama que enciende mi pasión, déjame recorrer tu piel de norte a sur, y cada uno de tus poros, deja que mi cuerpo se impregne de tu esencia, de tu perfume de mujer, y terminar mordiéndote los labios, cuando me digas amor, porque quiero amarte una y otra vez, la noche entera, hasta que amanezca y seguirte amando sin parar, porque tú eres el fuego de mi amor...

ERES EL FUEGO

Eres el fuego
que enciende mi corazón,
con tenerte cerca
o mirándote a los ojos,
enciendes la hoguera
que hay dentro de mí,
porque sólo tú
me provocas las ganas
que tengo de amarte,
de quererte,
no te imaginas
el poder que tienes
sobre mí,
solo tú logras
desatar este fuego
de amor apasionado
que siento por ti,
y no te imaginas
lo mucho que te quiero.
Con tu forma de ser
has logrado
que desenfrenadamente
te amé tal y como eres,
porque todo me gusta de ti.
En mi mundo
iluminas mi vida,
por tu forma de ser
y tu forma de entregarte al amor,
por tu sencillez te amo, porque
solo tú eres el fuego
que enciende mi corazón...

ERES EL GRAN AMOR DE MI VIDA

Eres el gran amor de mi vida
y así como
nos encontramos,
nació el amor entre tú y yo.
Fue amor a primera vista,
nunca había visto
a una mujer como tú,
con una mirada
tan limpia, tan transparente,
como si fueran
las puertas de tu alma,
que sólo con mirarte
te conocí,
solo Dios, supo hacer su obra
maestra contigo,
y fue donde me di cuenta,
cuánto me debía el cielo
para pagarme contigo,
llegaste como un milagro
para hacerme muy feliz,
ahora déjame amarte
a mi manera,
para pagarte
todo lo que has hecho por mí,
porque tú tienes la llave

de mi felicidad,
y yo tengo el corazón
que siempre te amará,
si tú me dejas, te amaré
la vida entera,
mis ojos solo son para ti,
y mis sentimientos
te pertenecerán,
porque ya soy parte de ti,
solo me resta decirte
que te amo, y te llevaré
en lo más profundo
de mi corazón,
porque eres, el gran amor
de mi vida...

HACE UNOS DÍAS PLASMABA EN EL LIENZO DE TU PIEL

Hace unos días, plasmaba, en el lienzo de tu piel, las palabras que por ti siento y ahora de amor por ti me muero, tú me enseñaste y me diste las palabras para encontrarte, para sentirte en cada poro de tu piel, en el sentimiento que estaba olvidado dentro de mí, y ahora que te encuentro, hasta el perfume de tu pelo me gusta, porque me gusta sentirte presente en cada etapa de mi vida, me gusta sentir la exquisitez de tu esencia, en el brillo de tu mirada, en el sonido de tu sonrisa y con el sabor de tus dulces labios me embriago, porque en cada beso me robas el sentimiento, me robas la calma y aquí estoy, como un niño, gritándote desesperadamente cuanto te quiero, con los brazos abiertos y con mis labios extrañándote, sedientos de ti, sedientos de tu amor, sintiendo la falta que me haces, me mata la impotencia que siento al no tenerte conmigo, al no poder estrecharte entre mis brazos, es cuando me doy cuenta que realmente te quiero y te necesito *mi amor...*

LA NOCHE Y TÚ

La noche y tú es lo que amo, con el brillo de la luna, coqueteando su reflejo en tu rostro, mirando tus ojos brillar, sintiendo tu presencia enamorada, porque esta noche es nuestra noche de amor, que jamás olvidarás, porque las estrellas cuentan nuestra historia, de un amor puro que no termina de la noche a la mañana, porque no es un capricho, es una bendición, y solo Dios tendrá su última palabra, sólo déjame amarte una vez más, con el brillo de la luna, la noche y tú, será nuestra noche de amor que tanto esperamos...

LA VIDA SIN TU AMOR

La vida sin tu amor no tendrá sentido, ya nada sería igual, todo me faltaría, mis amaneceres serían grises sin tu amor, porque entre nosotros, sobran las palabras, solo nuestros ojos, nuestros cuerpos hablan por sí solos, cuando estamos cerca, mirándonos fijamente, contemplándonos, porque tú eres mi paraíso, el mejor paisaje que deleitan mis ojos, en donde reposo este inmenso amor que siento por ti, amo tocar tu alma, hasta robarte el último aliento, de tu último suspiro, dejándote impregnada de mis besos, caricias y abrazos, solo tú eres el amor, eres la mujer que siempre soñé tener a mi lado para toda la vida, te quiero y te amo, y siempre te amaré, porque estoy enamorado de ti *amor mío...*

LAS NOCHES SON INTERMINABLES

Las noches son interminables cuando te tengo entre mis brazos, cuando saciamos las ganas que tenemos de llenarnos a besos, donde mi cuerpo será tu mejor cobija y mis brazos la almohada, donde descansarás de todo tu cansancio y te protegeré de todos tus miedos, te arrullaré con un sin fin de caricias todos tus sueños, tatuaré en todo tu cuerpo las huellas, del amor que siento por ti, dejando en ti la semilla de nuestro gran sentimiento que terminó convirtiéndose en amor verdadero, porque en éste corazoncito hay un nido construido solamente para ti y este nido está en el fondo de mi corazón, esperándote para acurrucarte, para mimarte con todos los excesos, porque para ti tengo todo el tiempo del mundo y solo una vida para vivirla contigo, que la noche sea eterna para terminar entrelazados en nuestros brazos, y que al amanecer te quedes conmigo para seguirnos amando *vida mía...*

LE ESCRIBO AL AMOR

Le escribo al amor,
al corazón
y a lo más hermoso
de tu alma,
te escribo a ti,
que sin querer
me robaste el corazón,
te adueñaste de mí
solo con un beso,
una mirada y una sonrisa,
ese beso que nunca termina,
tu mirada risueña soñadora,
tu sonrisa encantadora
que enamora,
tú que provocas toda inspiración
y despiertas mis ilusiones
al contemplarte,
al sentirte cerca de mí,
aunque no estés conmigo
siento la esencia de tu alma
viva muy junto de mí,
a ti, que sin querer, te cruzaste
en mi camino,
ahora te digo lo mucho
que te pienso y lo mucho
que te quiero,

porque te extraño y no te olvido.
Hoy que estás presente
brindo por ti,
brindo por los hermosos
momentos que hemos vivido,
y por ser a quién quiero tanto,
y porque tú, solo tú,
eres el amor de mi vida...

LENTOS COMO UN SUSPIRO

Lentos como un suspiro, suaves como el pétalo de una rosa, dulces como el sabor de una manzana son tus labios, cuando me besas, mi dulce tentación, mi lenta agonía, que me has hecho vida mía, que sin ti no puedo estar, necesito mirarte a los ojos y que me digas desde el fondo de tu corazón, si en el reflejo de tu tierna mirada encuentro la magia que me tiene atrapado, que me robó la calma. Ven a mi lado, endúlzame las mañanas con el color de tus ojos, y dame de beber del dulce néctar del sabor de tus labios, el sabor prohibido, pero que al besarte me embriagas de amor, por ti me muero, eres mi dulce tentación, mi lenta agonía, que magia hay dentro de ti, que me tienes hechizado, solo una bella alma con hermosos sentimientos despiertan los más puros y nobles pensamientos, así te quiero, con tu alma transparente y un corazón puro, pero sincero, le doy gracias a Dios por haberte conocido y que Dios te bendiga *amor mío,* mi dulce corazón, mi bello sentimiento...

LLEGUÉ A TU VIDA
PARA QUEDARME

Llegué a tu vida para quedarme, para ocupar mi lugar a tu lado, para disfrutar nuestras alegrías, y para vencer nuestros fracasos, pero siempre juntos, por el único lazo que nos une, que es nuestro amor es el más puro sentimiento, el que me lleva hacia ti, el que me hace quererte amarte y respetarte, por lo que vales por los hermosos sentimientos que me das cada día, y porque a través del tiempo no solo me demuestras que estás presente en mi vida sino porque también me lo transmites en cada mirada, en cada sonrisa, me haces que me pierda en lo profundo de tus hermosos ojos, que es el paraíso que disfruto mirar cuando despierto, eres el mejor regalo que me ha dado la Vida, y con todo el corazón lo he aceptado por que eres la *mujer* que, orgullosamente, llevaré de mi brazo a donde el destino nos lleve, así como llegué a tu vida, así encontré mi destino a tu lado, queriéndote en las buenas y en las malas, solo toma mi mano y ven a caminar conmigo *mi amor...*

LLORA GUITARRA LLORA

Llora guitarra llora, que tu lamento llegué a sus oídos para que sepa que la quiero, que sin ella ya no vivo, que solo a su lado soy feliz, que sólo en ella encuentro lo que hace tiempo perdí, ella es la magia de mi felicidad, y yo seré su eterno amor quien la acompañe en todo momento, seré su brazo, su hombro, seré su eterno enamorado, que jamás se separará de ella, llora guitarra llora, para que escuche mi canto, que su sueño será como un arrullo y será el sueño de amor que vivimos los dos, por eso, llora guitarra llora...

ME ENAMORÉ

Me enamoré de la ternura de tu alma, de los hermosos sentimientos que tienes guardados, para que los descubra lentamente, al desnudar tu corazón y así poder amarte, tiernamente tenerte entre mis brazos, sintiendo todo tu cariño y todo tu amor, porque para ti, tengo y tendré todo el tiempo para adorarte, porque jamás me cansaré de ti, te entrego toda mi vida, y todo mi amor, así como tú te entregas a mí, con tu hermosa sonrisa, y tu tierna mirada, me enamoras más y más, porque así me vuelves loco, amor mío, eres mi debilidad, mi mayor tentación, eres mi mayor anhelo, porque lo que me falta y necesito es tenerte a mi lado, para toda la vida, porque que te amo...

ME ENTREGO A TI

Me entrego a ti porque no sé amar de otra forma, solo de una, es entregándote todo mi amor, te amaré, porque te aferraste a mi corazón, uniéndote a él, te amo, porque en mi mente siempre estás, te amaré, porque no hago otra cosa más que pensar en ti, vivir por ti, y viviré para amarte toda una eternidad, eres parte de mí y de la forma más hermosa te amaré, si para amarte tendría que bajarte el azul del cielo, la luna y las estrellas, lo haría y sería poco, porque tendrían envidia de iluminar nuestras noches de amor, me entrego a ti, porque te amo, aunque pasen los años te amaré, naciste para mí, yo nací para hacerte feliz, eres mi presente y eres mi futuro, amor mío...

ME HAS FLECHADO

Me has fechado el corazón, en el momento en que nuestras miradas se cruzaron, abriendo las puertas a nuestro gran amor, a nuevos sentimientos, a nuevas pasiones que llenarán nuestras vidas, de gratas ilusiones, y será nuestra prisión, de dos eternos enamorados, que sueñan con entregarse, a este amor desenfrenado, que tanto nos tenemos y tanto nos deseamos, más y más, día a día, y sólo lo provocas tú porque te amo, desde este momento cambio mi brazo por tu almohada, mi cuerpo por tu cobija y nuestros besos para calmar nuestra sed insaciable que nos tenemos, de uno a otro, me has flechado el corazón y te adueñaste de mí, ahora solo sé decirte, que te amo y te necesito amor mío, ven.

ME PROMETISTE

Me prometiste
poner el mundo a mis pies,
y sin que te dieras cuenta,
me entregaste
el universo entero,
porque a tu lado
me transportaste
más allá de la luna,
más allá de las estrellas,
más allá del fondo de tu corazón,
más allá de tu hermosa mirada,
porque más allá
de lo que miran mis ojos,
está tu amor tan radiante,
que solo tú eres capaz
de hacerme sentir,
el hombre más soñador,
el hombre más afortunado
por haberte encontrado,
y porque el destino
quiso que te amará,
para enseñarme
que los sueños se cumplen,
cuando se ama de verdad,
toma mi mano y mi corazón,
para que te enseñe
hasta dónde te amo yo,
hasta dónde
has cambiado mi vida,
porque mi vida te la entregué
el día que te conocí,
mi amor...

ME REFUGIO

Me refugio entre tus brazos para saciar este inmenso amor que siento por ti, solo junto a ti se convierte en el amor más noble que inspira a este corazón, que está enloqueciendo si no está a tu lado, mirándote, diciéndote cuánta falta me haces, necesito escuchar tu voz, tu sonrisa, te necesito junto a mí, para entregarte mi corazón, mis sentimientos y todo este amor, que ya no lo puedo ocultar, porque te amo, eres toda mi felicidad y siempre serás el amor de mi vida...

MI ETERNO AMOR

Mi eterno amor siempre lo serás, porque en tu corazón y en tu alma viviré, sólo tú atesoras los recuerdos de este amor, aún cuando el viento te susurre al oído mis palabras de ternura, cuando la brisa de la lluvia te cubra, te acordarás de mí, porque sólo yo soy el que te ama, el que te mima cuando te enfureces, el que te acaricia cuando tienes miedo, soy el que te desea todo el tiempo, mi eterno amor, por eso siempre estaré a tu lado, como el recuerdo que más has amado, así te amo y te amaré para toda la vida amor...

MI FUTURO NO ES ESTAR SOLO.

Mi futuro no es estar solo, es vivir y disfrutar en todas sus etapas, los momentos que nos hagan felices y en los momentos que se tornen difíciles, pero siempre unidos, tomados de la mano, sintiendo nuestros corazones el latir, vibrar de emoción, formando un complemento en nuestras vidas, donde los momentos sean eternos, pero fortaleciéndolos con fe y confianza, porque tú no eres *mujer* para un rato de locura, eres una *mujer* para amarte toda la vida, no soy perfecto, pero dentro de mi pecho hay un lugar que te espera, para acurrucarte, para apapacharte mientras viva, porque eres una bendición, solo Dios sabe porque llegaste, lo único que sé es que ya te quiero y eso ya no lo puedo cambiar, mi mente está llena de ti y el corazón me pregunta por ti, dime tú que les digo para calmarlos y dime a mí que hago para no volverme loco sin ti, para soportar esta incertidumbre que me está matando poco a poco, porque sé que mi futuro eres tú *mi amor...*

MI PEQUEÑO GRAN AMOR

Mi pequeño gran amor que brotó de un suspiro y creció dentro de mi corazón, llenándolo de ilusiones, dándome esperanza, y todo por tu amor, que hizo mis amaneceres más felices, porque desde que llegaste, todo es alegría, sólo tú has logrado cambiarme, sólo tú complementas mi vida porque eres, y serás siempre, el amor de mi vida, si sientes que me ausento no es porque te olvido, solo debes saber que te llevo dentro de mi corazón, eres mi palpitar, mi respirar, eres el agua con la que sacio mi sed, eres mi pequeño gran amor, solo tú me das la inspiración para decirte, lo mucho que te amo y la falta que me haces, porque sin ti la vida ya no es vida, solo tómame de la mano y vamos a formar nuestro amor en un paraíso, sin importar nada más que tú y yo, recuerda que eres el amor de mi vida, que siempre serás la mujer que amo...

MI VERDADERO AMOR

Mi verdadero amor lo encontré en ti, tomándote entre mis manos, acariciándote tiernamente, te digo que te amo, que ya no puedo estar ni un minuto lejos de tu mirada, de tu sonrisa, eres todo el motivo y toda la razón que tengo para amarte, que me estoy enloqueciendo al no tenerte a mi lado, al no mirarte fijamente a los ojos y no poder escucharte, solo sé que eres mi verdadero amor, a quien quiero y extraño, solo le pido a Dios que te cuide y proteja, a donde quiera que vayas amor mío…

MI VIDA SIEMPRE SERÁS TÚ.

Mi vida siempre serás tú, si de perfección hablamos, para mí eres y serás la mujer perfecta, tal y como eres, te he soñado caprichosa, alegre, juguetona e inquieta, así te he esperado impaciente, ansioso de verte llegar, porque la vida ya te había puesto en mi camino, aunque nos encontramos en distintos lugares, siempre nuestras miradas se cruzaron, y ahí fue donde brotó la chispa de nuestro gran amor. Por eso te digo que mi vida siempre serás tú mi amor...

MIENTRAS DUERMO

Mientras duermo
sueño contigo, que te tengo
entre mis brazos,
mirándote a los ojos y diciéndote
que te quiero,
y aún sin saber
que solo es un sueño,
te digo lo mucho que te amo
y cuánto te necesito,
porque mientras duermo
menciono tu nombre,
y entre sueños platico contigo,
aunque estés lejos
te siento muy cerca,
sí supieras cuánto te extraño,
y cómo extraño,
esos momentos
en los que juntos
hemos soñado,
hasta sentir esa sensación
que nos hace volar,
porque sólo de pensar en ti,
mi corazón se alegra
y me llena de ilusiones
el pensar que estás
junto a mí,

y solo es un sueño,
déjame amarte,
déjame entregarte todo mi amor,
para que cuando vuelva a mi realidad
lo pueda realizar a tu lado,
y hacer de esos momentos
mágicos una eternidad,
porque a tu lado quiero vivir,
enamorado siempre de ti,
como el día que te conocí...

MIENTRAS EMPIEZA EL DÍA

Mientras empieza el día, disfruto cada momento para escuchar tu voz, para sentir tu mirada y poder disfrutar del hermoso paraíso que encuentro en ti, es la delicia, de tu linda sonrisa, que me gusta escuchar mientras contemplo la ternura de tus hermosos ojos y espero con ansias la llegada de la noche, te quiero acariciar tu alma, hasta arrancarte los suspiros, cerrar tus ojos a besos, besos que embriagan, y sentir la ternura de tus caricias, que al escuchar tu linda voz, serán momentos llenos de magia, los que viviré a tu lado porque mi principio y mi fin siempre serás tú, contigo quiero todo, sin ti, no quiero nada. En esta historia tienes el fuego que me acaricia el cuerpo, eres la guerra que no tiene final, y tienes la ternura de un ángel, que acaricia mi alma, con solo mirar, tu sonrisa angelical mientras empieza el día, te voy a amar, con toda la locura, con toda la ternura, que en mí has provocado, porque yo por ti, sin ti, me muero vida mía, siempre vivirás en mí, mi amor...

MIENTRAS TE SUEÑO

Mientras te sueño, te beso, te acarició y te abrazó con fuerza, muy junto a mi corazón, para que sientas el latir de este amor, que ya no lo puedo controlar, me muero por escucharte y mirarte a los ojos como siempre lo he deseado, pero nunca sabrás lo mucho que te he amado, porque tú enciendes una hoguera adentro de mí, que solo tú la puedes apagar, con todo tu amor, porque aún no sabes cuánto te quiero, y ahora que te conozco más te amo, con todo el corazón, como nunca lo imaginé, llegar a querer de tal manera mi amor...

MIS LABIOS GRITAN TE AMO

Mis labios gritan te amo
cuando mi corazón
se cansa de decírtelo,
ahora te lo digo
levantando la voz,
para que me escuches
desde el fondo
de tu alma,
para que conozcas
los sentimientos
que tengo
reservados para ti,
que con solo
mirarte me inspiras
lo que nadie ha logrado,
con una palabra
se logra hacer
una tierna poesía,
que se puede convertir
en una hermosa
canción de amor
que nunca olvidaremos,
desnudemos nuestras
almas y nuestros
corazones,
para coquetearnos
tiernamente, enredarnos
en el dulce juego del amor,

en ese sentimiento que nos trae
de cabeza,
que a veces no sabemos
ni quiénes somos,
solo sabemos
que nos pertenecemos,
el destino se encargó
de unirnos,
ahora nosotros
nos encargaremos
de hacerlo realidad.
Eres mi sueño anhelado
y mi tesoro más preciado,
porque siempre serás
el amor de mi vida...

MUY DENTRO DE MI CORAZÓN

Muy dentro de mi corazón
hay un sentimiento escondido
que llegó sin darme
cuenta, llegó en forma
de ángel, con sus
alas abiertas de par en par,
con ojos risueños y una hermosa sonrisa, que al sentir tu mirada,
me dejas sin palabras
me encadenas a ti,
eres el mejor regalo
que me ha dado la vida,
porque desde que llegaste a mí,
todo cambio,
dormido pienso en ti
y despierto te sueño,
quien podrá controlar este desordenado sentimiento
sino solo tú,
tú, que en tus manos tienes
las llaves de mi felicidad,
tú, eres la única
que puedes abrir mi corazón,
y podrás sentir, lo que por ti siento,
y te darás cuenta que mi corazón
te llama y mi alma te busca,
porque en este sentimiento

no habrá puntos
finales, el final lo pondrás tú,
yo te llenaré de besos, te colmaré
de caricias, te abrazaré
tan fuerte que sentirás
mi calor apasionado
lleno de amor
por ti,
porque muy dentro de mi corazón
estás tú, mi amor...

NADIE DIJO QUE EL CAMINO DEL AMOR SERÍA FÁCIL

Nadie dijo que el camino del amor
sería fácil,
nadie dijo que, si tu partías,
me destrozarías el corazón
en mil pedazos,
solo yo sé que, al amarte,
sabría que lloraría,
sabría que mi alma y mi corazón
se irían contigo,
porque en ti encontraron refugio,
encontraron abrigo,
y todo lo hermoso de la vida
lo encontré en ti, en tus manos,
dejo todo, mi alegraría
mis tristezas,
mis lágrimas, y todas mis ilusiones,
y las ganas que tengo de estar contigo de quererte,
de amarte con todas
las fuerzas, con todo mi corazón,
con mis virtudes, con mis defectos,
con todas mis fuerzas te amaré,
aunque tenga que llorar
en silencio, aunque mi alma
te grite que te necesita

no la escucharás,
porque, para entonces,
habrá partido el amor de mi vida,
para entonces mis ojos no te mirarán,
mis labios te nombrarán
y solo el viento escuchará,
y se llevará el eco de mis palabras,
siendo en vano, porque tú seguirás de largo para no volver más,
aunque por dentro
esté muriendo porque te amo
como nunca,
y siempre te amaré,
vida mía...

NO CIERRES TUS OJOS

No cierres tus ojos, son la razón de mi alegría, es el motivo por el cual puedo mirar mi alma a través de ellos y sentir tu amor. Cuando siento tu mirada, enternecedora, alborotas mis sentidos, haciendo que caiga como un humilde corderito, entre tus brazos amorosos, tiernos, cómo me gusta sentirte, cariñosa, inquieta, tan llena de cariño, tan llena de amor y ternura, si nuestros destinos están marcados, aquí estoy para hacerte feliz y cobrarle al destino lo que me debe, porque contigo me premio, llenándome de dicha y alegría toda mi vida porque te amo...

NO DEJO DE PENSAR EN TI

No dejo de pensar en ti,
tu imagen la tengo presente
ha cada momento, en cada instante
de mi vida pienso en ti,
eres el mejor regalo
que me ha dado la vida,
aún sin merecerte llegaste a mí,
anidando en el fondo de mi corazón,
la semilla del más tierno y dulce amor, son tus sentimientos
el despertar de mis suspiros,
el aleteo de mi alma,
y el vibrar de mi corazón,
si hay algo que no puedo callar,
es lo que siento por ti,
sin que te dieras cuenta
me robaste el corazón,
con solo mirarte me vuelves loco,
me robas una sonrisa,
que me transforman por completo
de alegría,
no dejo de pensar en ti,
porque aunque no seas mía,
yo soy solo para ti.
No te esperaba,
fue la vida quien cruzó nuestros caminos,
para que camináramos juntos,

en donde apostamos
el todo por el todo,
donde los que ganen seamos
tú y yo,
porque, de tu mano y de mi mano,
quiero que vayas tú,
agarrándome fuerte
para no soltarte,
porque lo único que quiero mi amor es
que me quieras, que me ames
como yo
te amo a ti...

NO ES FÁCIL DECIR TE QUIERO

No es fácil decir te quiero
y no tenerte tampoco,
es fácil decir te siento
junto a mí
y no poderte tocar,
sólo sé que, en mis noches oscuras,
tus ojos son mi luz
y tu sonrisa es la brújula
que me hace llegar a ti,
a ese paraíso que deseo llegar
abrazar, mirar
y besar con todo mi amor,
no importa lo lejos que te encuentres,
yo sé que te encontraré,
porque mi corazón te grita
y mi alma te busca,
desean mirarte,
sentirte y escucharte,
dame la mano para llegar
a donde tú estás,
quiero vivir y disfrutar
cada momento, cada instante
de nuestra vida juntos,

tú y yo,
para empezar una bella
historia de amor
dónde nunca exista un final,
porque esta historia
la escribiremos con tinta
de nuestro corazón,
sin firmas, sin contratos,
solo será el sello de nuestro amor
el que nos ha de unir para siempre,
porque siempre,
a tu lado quiero estar
amor mío...

NO FUIMOS CASUALIDAD

No fuimos casualidad, porque
lo que sucedió,
entre tú y yo, fue tan real
como tocar la arena
mojada por el mar,
como escuchar tu dulce sonrisa
cerca al oído, como sentir
el aroma de tu piel
cuando te acaricio,
porque eres magia, a tu lado,
todo es luz, cuando te miro
brillan más las estrellas,
la luz de la luna
siempre nos acompaña
en nuestro idilio de amor,
en nuestros momentos
donde somos libres,
para sentir el suspiro
de nuestras ilusiones,
donde te puedo abrazar
el alma, pero donde te puedo
querer de la única forma
que me puedes sentir,
y es llegando hasta
el fondo de tu corazón, para
que nunca me olvides
y siempre recuerdes,
que con la intensidad
que te pienso, te quiero

sin condiciones, pero
con el corazón abierto,
para que entres cuando
quieras, porque mis
sentimientos nunca
serán tu prisión, les
pondré alas para que, tú y yo,
volemos juntos a donde
nuestros sentimientos
nos quieran llevar,
a donde el tiempo
no corra más, quiero
disfrutar eternamente
de tu presencia para
que el destino sea nuestro
cómplice en el camino
del amor...

NO HABRÁ MEJOR MOMENTO

No habrá mejor momento
que estar junto a ti,
amándote día y noche,
desnudando nuestras almas,
conociendo nuestro ser,
haciendo el amor sin prisa,
sintiendo tu respirar,
sintiendo tus caricias
sobre mi piel,
no te pido *sexo*,
solo que abramos
nuestros corazones para quedar
entrelazados
en un solo amor,
en un solo corazón,
en un solo suspirar
así, solo así,
tú y yo,
acariciando tu alma, abrazándote.
Sí, siente nuestro amor
cómo fluye por nuestras venas,
cómo se eriza tu piel, mi piel
cuando rozan tus labios
mis labios y me dices
que me amas,
cuando te abrazo con fuerza

junto a mi pecho
y te beso, porque eres
el amor de *mi vida*.
Ven, mi amor, ven junto a mí,
te espero cada noche
a la luz de la luna y las estrellas,
serán nuestras noches mágicas,
de infinito amor que nació
de entre los dos,
con tus ojos risueños
y tu hermosa sonrisa,
así es como te amo
mi amor...

NO HAY MEJOR COMPAÑÍA

No hay mejor compañía, que estando contigo, al lado de la mujer que quiero, al lado de la mujer que amo, todo es sencillamente hermoso cuando me brindas una tierna mirada y cuando me mandas un beso insinuante por el viento, diciendo te amo, no hay mejor sentimiento que compartirlo contigo, tú formas un huracán en mi corazón, eres fuego que me quema la piel, pero eres el agua que sacia mis ganas de amarte, y tus brazos me dan el arrullo que necesito para sentirme amado, para sentirme que, a tu lado, no hay más hogar que estando contigo, porque eres mi todo, eres mi camino, solo tú eres la bendita *mujer* que llegó a mi vida para entregarme su amor sin condiciones, y yo viviré amándote el resto de mi vida solo para hacerte feliz, solo para entregarte lo mejor de mí, porque tú y yo, somos un par de tortolitos, que le cantamos al amor, anidamos el sentimiento y nos abrazamos con pasión, soñando llegar a estar juntos para vivir un hermoso sueño, en el despertar de nuestras vidas, con un abrazo y un beso culminaremos esta larga espera, para empezar a vivir nuestros sentimientos, ansioso te espero, porque formas parte de los latidos de mi corazón, y solo tú eres el complemento en mi vida, mi amor.

NO HAY NADA MAS HERMOSO

No hay nada más hermoso que vivir a tu lado, sintiendo la delicia de tu presencia el calor de tu cuerpo, y el sentimiento de tu amor, solo tú y yo acompañados de este amor, de este sentimiento que nos hace vibrar, el que nos hace sentir que somos dos, en un mismo camino, en un mismo amanecer, mirando el sol caer, y la luna nacer, mientras duermas, te llegará mi sentir, el sentimiento que has sembrado en mí, y no hay nada ni nadie que lo logre marchitar, en él vives, duerme para que en tus sueños, te haga lo que no te he podido hacer, lograr besarte y poderte abrazar, con estas ansias locas que siento al no tenerte, que es el deseo del amor, porque siempre mi amor, mi único amor, serás tú, solo tú y yo y no habrá nada más hermoso que tu amor...

NO ME HABLES DEL PASADO

No me hables del pasado,
háblame de ti, porque ahora
estoy junto a ti,
hoy quiero deleitarme
de tu presencia, del perfume
de tu piel, de todos
tus encantos,
porque mi único encanto, eres tú.
No hablemos de nuestro pasado,
que ese se perdió con el tiempo,
hoy quiero que empecemos
desde el principio,
como si yo fuera tu primer amor,
porque quiero que me des
tu primer beso,
el más puro,
el más sincero y el más tierno
desde el fondo de tu corazón,
porque al sentir tus labios
se estremecerá mi alma
que tiene sed de ti,
quiero sentir los latidos
de tu corazón,
muy cerca de mi pecho,
porque a mi corazón
le falta el calor de tu cuerpo

lleno de amor,
y a mí me faltas tú, hoy,
mañana y siempre,
solo te quiero vivir,
ser tu mejor amigo,
para escucharte,
ser las manos que te sostienen
cuando necesites
un abrazo
amoroso,
quiero ser tu refugio,
que tú serás
la sábana que me cubra
cuando tenga frío,
vida mía...

NO PREGUNTES CUÁNTO
TE QUIERO

No preguntes cuánto te quiero, porque te quiero, más allá de donde se oculta el sol, te quiero, hasta donde se pierden las estrellas de tu mirada y en la infinidad del encanto de tu sonrisa, te quiero mi amor, por toda la dulzura y la magia de tu esencia, eres tú a quien quiero con toda mi alma, porque has logrado que me adentré en lo más profundo de tu ser, sintiéndote tan cerca de mí, como sentir un abrazo, cómo escuchar un susurro al oído de tus tiernos labios.

Dejé de quererte desde hace mucho tiempo, dejé de necesitarte fuera de mi vida, pues ahora te quiero y te necesito dentro de la mía, así como las flores necesitan el agua o como el aire se necesita para respirar, así me haces falta, y así te necesito junto a mí, necesito el arrullo de tus brazos y de tus apapachos para descansar junto a ti, y perderme lleno de amor, para siempre impregnado de tu perfume y del sabor de tus besos *amor...*

NO PREGUNTES SI DE VERDAD TE QUIERO

No preguntes si de verdad
te quiero,
mejor dime que sientes
tú por mí, que yo por ti,
sin ti me muero,
aunque no me mires,
aunque no me escuches,
así, vivo enamorado de tus besos,
de tus abrazos,
así te quiero junto a mí,
pegada a mi pecho,
escuchando mi corazón latir,
porque no es fácil
querer cuando encuentras
amor de verdad,
cuando descubres que tu otra mitad
siente lo mismo
que tú, cuando se quieren de verdad
viven añorando
el momento en que se puedan
estrechar entre sus brazos,
y hacer derroche de amor,
dime si estas dispuesta
a caminar conmigo,
dejando todo atrás,
y emprender el vuelo
a donde siempre me llevas tú,

a ese abismo,
a donde me gusta caer,
y de donde nunca me gustaría salir,
porque impregnado de ti estoy,
cubierto de tus besos,
de tus caricias,
eres todo lo hermoso
que me inspira,
y todo lo que me llena, eres tú,
no necesito más que una sonrisa,
y una mirada
para caer rendido a tus pies,
porque eres mi debilidad
y la inspiración de todo mi ser...

NO QUIERO QUE TE VAYAS

No quiero que te vayas
quédate a mi lado,
todavía nos queda mucho
que decirnos,
la noche es joven,
y a la luz de la luna
te diré lo mucho
que te quiero,
sí a mi cielo le faltan estrellas,
pondré tus ojos en el cielo
para mirarte
las noches enteras,
para saciarme de ti,
y así nunca dejarte ir,
porque te quiero
y nunca me cansaré
de repetirlo,
sí en una noche hermosa
te encontré,
en una noche hermosa
te amaré,
porque tú me enseñaste
lo que es amar,
y ahora ya no sé
lo que es vivir sin ti,
vivir sin tu cariño,
estar separado de ti,
solo recuerda que siempre
te voy amar...

NO SABES LO QUE SIENTO

No sabes lo que siento
cuando estoy
junto a ti,
mis amaneceres
son siempre hermosos
cuando nos iluminan
los rayos del sol,
así como me alegras el día,
con tu sonrisa y tú tierna mirada
y más feliz, me haces
cuando me cubres
de besos y me llenas
de caricias apasionadas,
me causa
ilusión el saber
que estás conmigo,
y que entre tus brazos
me haces feliz
todo el tiempo,
y cuando cae el sol
le platicó a luna y a las estrellas que eres el amor de mi vida,
porque ellas son testigos
del sentimiento que nos une,

y es amor,
amor del bueno,
para vivir
un futuro a tu lado,
porque en mi presente
ya vives,
quiero ser yo, quién cierre
tus ojos con mis besos,
y te llene de tiernas caricias
tu hermoso cuerpo,
porque quiero ser yo el amor
de tu vida,
como lo eres tú para mí,
la dueña de mi vida
y la reina de mi corazón...

NO SÉ CUÁNDO SERÁ EL DÍA

No sé cuándo será el día
que llegue a estar junto a ti,
pero cuando llegue el momento,
quiero que me tomes de la mano,
y que me digas mirándome
a los ojos, que siempre
estarás conmigo,
porque tú eres
la razón y el motivo
por la cual voy siempre
hacia ti,
así como el sol
le da sus primeros rayos de luz al día,
o como la luna brilla durante
la noche,
así, de la misma manera,
me haces falta para hacerme feliz.
Eres mi complemento,
la vida y el destino,
nos han puesto en el mismo camino
esperando el justo momento,
que nos encontremos
de frente, cara a cara,
para olvidarnos de las palabras
y empezar un mundo nuevo,
para caminar juntos,
luchando contra toda adversidad

fortaleciendo
en nuestros sentimientos,
que es el que nos dará la fuerza
para que nuestro amor crezca
y no termine jamás.
Porque lo que siento por ti
no tiene punto final,
este sentimiento
es un amor para toda la vida,
y toda la vida te voy a amar
como si fuera la primera vez
que te mire a los ojos,
en ese día, con tu mirada
me dijiste que siempre
me amarías,
porque justo en ese día
me enamoré de ti,
mi amor...

NO SE DE QUE FORMA
ME ENAMORE DE TI

No sé de qué forma
me enamoré de ti
ahora, lo único que sé
que eres lo más importante
para mí, ahora quiero
y deseo formar parte
de tu vida,
llevarte de mi brazo,
ser el complemento de tu vida
y tú de la mía,
que formemos en dos cuerpos
un alma y un corazón
latiendo por el mismo amor,
sentir la misma sensación,
el mismo arrullo,
sentir correr por las venas
la llama del amor,
sentir la ternura de tu ser,
por eso y de muchas cosas más
me enamore de ti,
no me bastará un puñado de besos,
tampoco un millar de abrazos,
para demostrarte que te quiero,
porque tú, para mí,
eres para toda la vida,
mi vida sería poca para amarte,

me faltará la eternidad
para adorarte, grabaré tu nombre en las estrellas y tu rostro
lo plasmaré en la luna,
para que cuando mire al cielo
me recuerde que siempre
te tengo presente,
y que vives en el fondo
de mi corazón,
como la mayor prueba
del amor que siento por ti,
porque te quiero,
te recuerdo
y te amo,
vida mía...

NO SE PUEDE OLVIDAR
A QUIEN SE AMÓ

No se puede olvidar,
a quien se amó de verdad,
a quien le cubrí de besos el alma,
y le llené de caricias su cuerpo,
no se puede olvidar
a quien, con sus besos,
me embriagó, a quien, con sus caricias, me enloqueció,
y me dejó lleno y perdido de amor,
no se puede olvidar
a quien en su corazón me dejó
formar un nido,
un nido para habitarlo,
para acurrucarlo,
con mucho cariño y llenarlo de ternura, es la ternura,
que solo la encuentro
a tu lado,
cuando te miro a los ojos,
y cuándo te miro sonreír,
esa es la mejor prueba de amor
que he mirado en ti,
porque lo mejor de la vida,
lo disfruto llenándome
de la inocencia de tu esencia,

que es el amor de verdad
es el sentimiento más noble,
más hermoso que sólo
dos corazones, dos almas
pueden formar,
sí se siente vibrar intensamente,
cuando se sienten unidos
por el mismo amor,
por el mismo sentimiento
que nace desde el fondo
de nuestro corazón...

NO SOLO ERES ESPECIAL

No solo eres especial,
no solo eres
un interminable amor,
eres quien me quita el sueño,
quién prolonga
mis eternas y frías noches,
eres tú,
la que me llena de toda esa magia
que irradia a través de tus ojos,
la hermosura de toda tu esencia,
eres tú,
tú, porque nunca encontraré
otro lugar más seguro,
más cariñoso,
que entre tus brazos,
qué bonito es sentir tu calor, apapachador,
lleno de cariño, enternecedor,
bendito el día que te conocí,
desde entonces, no hago otra cosa más que pensar en ti,
y tú, ni sospechas que me enamoré de ti,
porque eres la mujer más especial
y maravillosa que he conocido,
y que por ti estoy loco, te quiero, te amo de mil maneras,
en todos los horarios, si sientes que callo, es porque
estoy pensando en ti y trato de sentirte,
de escuchar tu dulce voz,
otra vez del viento
que sopla entre la vena de mi corazón,
y yo siempre te responderé con un te amo, mi amor,
porque eres tú,
mi infinito amor...

NO TE HAS DADO CUENTA

No te has dado cuenta
que, al llegar la noche, te imagino entre mis brazos,
y con todas mis fuerzas, te abrazo fuertemente, para que sientas,
este amor incomparable,
que siento por ti,
que fue creciendo con el tiempo,
y con tu forma de ser
lo alimentas, con tu esencia
de mujer al abrir las puertas de tu alma, para que pueda sentir
tus sentimientos,
para que pueda sentir, el palpitar
de tu corazón,
para que pueda sentirte, solo mía,
así es como te quiero,
así es como te amo
vida mía,
porque así,
solo así, me enamoré de ti.
Regálame una mirada
de tus hermosos ojos,
para seguirte soñando y dame una sonrisa,
para no dejar de pensarte,
porque estoy enloqueciendo

de amor por ti.
¿No te has dado cuenta
que vivo para ti?
Porque te extraño,
desnudemos, frente a frente,
nuestras almas,
y dejemos que nuestros corazones
hablen por sí solos,
solo escuchemos su palpitar,
y déjame abrazarte
una vez más,
quiero llenarme de ti,
porque te amo,
y siempre serás
el amor, de mi vida...

NO TE IMAGINAS, LO MUCHO QUE TE QUIERO

No te imaginas lo mucho que te quiero, aunque siempre te lo digo en voz baja y cerca al oído, si te dieras cuenta de lo que siento por ti y el deseo que tengo por estar a tu lado, de tocar tu cabello, de sentir la delicia de tus labios, no te imaginas la dicha que tengo del saber que tú vives en mí, de que el tiempo y la distancia no cuentan, cuando hay un verdadero amor, cuando hay un verdadero motivo para estar juntos, porque tú, eres mi verdadero existir, eres más que una poesía, eres mi verdadera inspiración eres la *mujer* que me hace soñar despierto, siempre tú y sólo tú, llegaste a fundirte, como fuego en mi corazón, para formar nuestro nido de amor, donde tú solo serás mi reina, la reina de mi corazón, y de ahí nunca te vas a salir, te quiero siempre a mi lado... si tú me dejas, si tú me abres tu corazón, lucharé por hacerte feliz, hacer que cada momento sea eterno entre tú y yo, porque no te imaginas que mi verdadero amor eres tú...

NO TE PIDO MUCHO

No te pido mucho,
no te exijo nada,
solo quiero que abras
un poco tu corazoncito,
para que entre poco a poquito,
y así convertirlo en mi hogar,
en donde tú me podrás abrazar,
pero donde yo
te podré sentir tan cerca de mí.
Qué no daría yo por escuchar
tu sonrisa, de cerrar tus ojos
con un beso, o sentir el palpitar
de tu corazón
con un fuerte abrazo.
Qué no daría yo
por caminar siempre de tu mano
y decirte de frente
lo mucho que te amo.
Qué no daría yo
porque mi brazo
fuera tu almohada
para arrullarte todas las noches,
y mi cuerpo tu cobija,
para que nunca sientas frío,
y siempre estés segura

que estaré contigo,
porque eres mi delirio,
eres mi sueño, eres mi destino,
el único camino que conozco,
y el que me lleva a ti,
son tus sentimientos
los que me enamoran,
los que hacen que te extrañe,
que te busque, que te sueñe,
y que siempre piense en ti,
porque mis sentimientos
saben que eres tú,
pero también saben
que te amo...

NUNCA ESTARÁS SOLA

Nunca estarás sola
siempre estaré a tu lado
abrazándote, sintiendo
el calor de tu cuerpo,
sintiendo como tus besos
me llegan hasta mi alma,
y las ganas que tengo
de escucharte
nunca se me acaban,
porque es un deseo que tengo
y es sólo para amarte,
eres un diamante
que quiero pulir,
con mis manos día a día,
moldearte a mi vida,
no lucirte por lo que eres
sino por lo que vales,
porque eres más que amor,
para mí, eres el placer
que en mi vida encontré,
para hacerte feliz
y para amarte,
porque eres,
toda una mujer...

NUNCA SABRÁS CUANTO ME AMAS

Nunca sabrás cuánto me amas
hasta que mi corazón
esté muy junto al tuyo,
nunca sabrás si de verdad me amas
hasta que mis labios rosen y sientan
el dulce sabor de los tuyos,
porque yo a ti, te amo con toda la ternura
de mi corazón, porque tú eres
el amor de mi vida,
yo soy el hombre que está loco
y enamorado de ti,
solo tú haces que mi alma revolotee
de alegría, cuando te siente
cerca de mí,
tú haces los momentos mágicos,
y vuelves de este amor un paraíso,
porque mi paraíso lo encuentro en ti,
si tú sientes lo mismo que yo por ti,
entonces déjame amarte
una y mil veces más,
porque me sobra tiempo
para quererte y una eternidad
para amarte,
vida mía...

NUNCA SABRÁS CUÁNTO TE HE QUERIDO

Nunca sabrás cuánto
te he querido
y cuanto te extrañado,
que solo en mis noches de insomnio,
a solas platico contigo,
y mirando tu retrato,
te lleno de besos,
te presiono junto a mi pecho
para que sientas el latir de
mi corazón.
Nunca sabrás que con solo
mirar la ternura de tus ojos, me haces suspirar
y me lleno de impotencia, el no poder decírtelo,
el no poder gritar lo mucho que te quiero, lo mucho que te amo,
y de la falta que me haces.
Nunca sabrás
que en ti encontré
las palabras que me hacen falta
para decírtelo,
que en ti encuentro todo
un mundo lleno de magia,
porque tú, solo tú
eres única, eres mi otra mitad,
eres la mujer que, con tu sencillez,

me robaste el corazón.
Nunca sabrás
que siempre he vivido
pensando en ti,
que solo espero el momento
de poder estrecharte entre mis brazos,
y poder decirte que te quiero
amor mío,
que tú eres el amor de mi vida,
esperar ya no puedo,
vivo con esta incertidumbre
de saber si me amas,
como yo te amo a ti...

PALOMA MENSAJERA

Paloma mensajera, vuela tan rápido como puedas, llévale esta rosa a mi amada, que la he cubierto de besos y suspiro, para que sepa cuánto la quiero, que es mi único y verdadero amor, que soy esclavo de sus besos, de su pasión, vuela paloma, no tardes, párate en su ventana, para que mire mi amada, la prueba de mi amor puro y sincero, porque ella es mi único amor...

PENSANDO EN TI

Pensando en ti me la pasó todo el tiempo, sin dejar de recordar lo que hemos vivido, y todo lo que nos hemos amado, pienso en ti porque eres el motivo de mi felicidad, eres el suspiro de mi alma, y el latir de mi corazón, eres todo lo que deseo mi amor, sin dudarlo ni un instante, nunca dejare de amarte, porque ya no puedo estar sin ti, me adueñaré de tus besos y tus caricias, porque eres mía y yo soy para ti, para toda la vida seré el que te susurre al oído palabras de amor, y te arrulle con mis cantos...

PENSARÁS EN MÍ

Pensarás en mí como yo pienso en ti, o guardaras algún recuerdo mío, muy dentro de tu pecho, porque yo, más allá donde se oculta el sol y más allá donde brillan las estrellas, he guardado todos mis pensamientos, porque tú para mí, eres mi infinito amor, donde brillas y deslumbras cada noche, cada día de mi vida, desde que te miré, siempre caminas a mi lado, dejándome entrar muy dentro de ti, así me dejas quererte, disfrutando cada instante a tu lado, donde tengo a la certeza que contigo seré feliz, porque solo tú tienes las llaves de ese amor, que siempre he buscado y que ahora encuentro en ti, con el corazón abierto y con la alegría de tu alma, me esperas para llegar a ti, y así será la noche de nuestro amor para querernos sin medida, para entregarnos totalmente al amor, a ese sentimiento que esperando esta por nosotros, espero mirarme en el reflejo de tus hermosos ojos, para decirte lo mucho que te quiero *mi amor...*

POR ESTAR A TU LADO

Por estar a tu lado aposté mi propia felicidad, sin saber, sin pensar, que un día te podrías marchar, sin imaginar el dolor que me podría causar, ahora, cuando escucho tus palabras de cariño, de tanto amor, que hieren a mi corazón, este corazón, que hoy te dice te amo, te necesito, eres el amor de mi vida, ven a mi lado para sanar todas mis heridas, y llenarme de amor, como siempre lo has deseado, eres mi cielo, eres el millar de estrellas que iluminan nuestra vida, que está cubierta de sueños, y deseos que nos falta por realizar, eres mi cielo, y en tus ojos habitan el millar de estrellas, que quiero apagar, una a una, cuando te bese, porque comerte a besos es lo que quiero y deseo vida mía, es estar siempre a tu lado...

PRÉSTAME TUS ALAS

Préstame tus alas
para cuando caiga la noche
vuele a tu lado, a ese nido,
que es mi refugio, donde
desahogo todos
mis sueños e ilusiones,
donde dejo todo mi amor en ti,
porque en ti encontré mi hogar,
en la ternura de tu alma
encontré más que una tierna mirada y
una dulce sonrisa, porque
solo con mirarte, tu rostro
es más que una poesía,
y tu sonrisa, la mejor nota
de una canción de amor,
no hay nada más
hermoso e inspirador que contemplar
y saber que la hermosura
no está en el físico, sino
dentro de tu corazón,
en ese pequeño cofre, donde escondes lo mejor de ti,
donde encontré el paraíso de tu amor,
quiero vivirlo, quiero gozarlo, abrazarte el alma y cubrirte de besos,
besos tiernos, que he guardado
para ti,
yo, sediento de ti, y tú eres el mejor vino
que mis labios han probado,
préstame tus alas para llegar a ti,
para descubrir, que el verdadero amor
lo encontré en ti...

QUE TU MIRADA DE AMOR

Que tu mirada de amor no se apague, nunca dejes de sonreír, sería pedirle al sol que deje de brillar, tú eres mi todo, mueves todo mi interior, eres todo lo que amo, nunca dejes de sonreír, porque apagarías mi felicidad, acabarías con esta dicha que siento por ti, solo tú le diste luz a mi vida. Sí, yo te he entregado mi amor sincero, este amor desordenado, enloquecido por ti, porque eres el amor de mi vida, eres la mujer que más amo, que tu mirada de amor no se apague, que tu sonrisa angelical nunca pare, porque te amo...

QUÉDATE CONMIGO

Quédate conmigo, no me dejes solo que te necesito, eres mi respirar, tu despiertas mis ganas de vivir, tú eres la *mujer* de quien yo me enamore, en el fondo de tus ojos, he descubierto la ventana del verdadero sentimiento, que solo en ti encuentro y que solo tú me lo das, no hay nada que se compare a estar entre tus brazos, soñando contigo y sintiendo a fuego lento el vibrar de tu corazón junto a mi pecho, sintiendo tu respiración cuando te beso mi amor, y eso es un privilegio que la vida nos dio.

A ti, te quiero tal y como eres, así me enamoro más de ti, sin maquillajes, solo tu esencia y con tu sencillez, has cautivado mi corazón, quédate conmigo, quiero amanecer entre tus brazos enredado junto a tu pecho por el resto de mi vida, porque quiero amarte eternamente, para siempre mi amor, déjame llegar a ti y hagamos nuestros sueños realidad...

QUERERTE SIN TOCAR TU CUERPO

Quererte
sin tocar tu cuerpo, sentirte
y no abrazarte,
besándote en suspiros eternos,
solo acariciando tu alma, deshojándola
como una rosa, sintiendo la espina de tu ausencia,
enfriando todo mi cuerpo
agonizante,
elevando una plegaria y
gritándole al viento tu nombre, esperando escuches
el grito anhelado de mi corazón sollozante,
que muriendo está
de frío por tu ausencia, y poco a poco, se apagará su latido,
sí latiendo está
es sólo para quererte, sentirte
y no olvidarte,
tenerte,
sólo para amarte,
viviéndote
toda una eternidad, que no termine
jamás.
Quiero tenerte siempre a mi lado
entre mis brazos, acurrucarte

sintiéndote
que eres mía, volando
entre las alas de tus brazos,
hasta llegar al paraíso
que me hace volver a la vida,
estremeciendo toda mi alma
cuando me cubres de besos,
besos que son mi delirio,
tus ojos,
el reflejo de tus sentimientos,
y tu corazón,
el nido donde vivo, donde siempre suspiraré por ti
mi amor...

QUIÉN IBA A PENSAR

Quién iba a pensar
que por unos ojos hermosos
me volvería loco,
sí, loco, pero loco por ti,
con tu mirada
hechicera me has embrujado,
has cambiado mi vida
poniendo mi mundo
a tus pies,
que me hiciste mujer
querida, que cada día
que pasa te necesito más,
no lo niego, tengo ganas
de tenerte frente a mí,
para comerte a besos,
hasta beberme
el último sorbo de tus suspiros,
de tu aliento
y de tu vida misma,
saciando estas ganas
que me provocas
y solo con mirarte
me convierto en ese esclavo

dócil y tierno,
porque cuando me besas,
me haces tocar el cielo,
y solo a tu lado siento
que estoy en el paraíso,
quiero contemplarte
para que nunca se me olviden
tus ojos,
y esa boquita
que me ha cautivado
toda mi vida...

QUIERO CAMINAR CONTIGO

Quiero caminar contigo
dejando que el tiempo pase
y nos deje vivir nuestro momento, para que el destino
nos lleve al camino correcto,
a donde nace el sentimiento
y florece el amor,
a donde broten suspiros,
pero a donde se abran
tus brazos, apasionados,
ansiosos de dar una caricia,
de entregar un abrazo,
abrazos interminables, caricias infinitamente
llenas de ternura, impregnadas
de tu aroma de mujer,
de tu esencia,
la que me hace perder
la razón, con la que pierdo
la cordura, porque, a tu lado,
me siento el hombre
más dichoso sobre la tierra, al mirante sonreír, sentir
que siempre estás conmigo,
porque yo siempre
viviré en ti,
así es nuestro amor inmortal,
como nuestros sentimientos,
como el aire que respiramos,

como el latir
de nuestros corazones al sentirnos cerca el uno del otro,
porque yo me muero
por estar a tu lado,
y poderte decir lo mucho
que te amo, eres lo único
que quiero,
y lo único que necesito
siempre serás tú *amor...*

QUIERO LLENARTE

Quiero llenarte, con toda la
esencia que he guardado
para ti,
para habitar cada rincón
de tu alma, para llenarme de ti,
porque en ti encontré
el verdadero amor, ese amor
eres tú,
tú, tan lejos como una estrella,
tan distante como el mar,
pero tan cerca como la claridad
de tu mirada,
tan transparente, tan brillante
como la hermosura
de tu alma, eres la plegaria
del canto de mis mañanas
y el clamor que grita mi alma,
son gritos de sentimiento,
porque siempre que te
pienso, desearía tenerte
a mi lado
y gritar que te quiero, te
quiero como nunca,
y te amo como nunca
imaginé llegar amar,
tú eres el sueño que me
arrulla al dormir y la caricia,

que siento al despertar, porque,
al abrir los ojos, te miro
siempre sonreír
eres la bendición
que siempre esperaba,
hasta que un día llegaste
a mi vida, sin merecerte,
llegaste como bendición
hecha mujer, para quererte
y para amarte, toda la vida
mi amor...

QUIERO PERDERME

Quiero perderme noche a noche
entre tu sonrisa
y tu tierna mirada,
quiero saciarme
con el sabor de tus besos
con el que me embriagas,
y perderme
entre tus tiernas caricias,
con las que me atrapas.
Quiero llenar de ternura tu alma,
quiero cerrar
tus hermosos ojos
con el sabor de mis besos,
y arrancarte suspiros de tu alma,
con el calor de mis brazos
que se abren para estrecharte
dispuestos para amarte,
y no dejarte ir
porque en tu pecho
formaste un nido
para que este gorrioncillo
se cubra del frío,
y acurrucado junto a ti
escuche tu corazón latir,
y sienta lo que es
el verdadero amor.

Cuando dos almas se quieren
vuelan buscándose
enamorados,
así estoy de ti,
perdidamente enamorado
de todo lo que desprende de ti,
de todo lo que miro
a través de tus risueños ojos,
quiero perderme en el fondo
de tu alma,
para sentir tus suspiros, para escuchar el latir de tu corazón,
mi amor...

QUIERO SER

Quiero ser el que camine de tu mano, adónde el destino nos lleve, a donde el tiempo no corra más, quiero ser, quién cure tus heridas, quién cierre tus ojos, y apague tu sonrisa con un beso, porque eres mi sueño y no hayo la forma de llegar a ti, solo diciéndote lo mucho que te quiero, si te dieras cuenta, la falta que me haces, y lo mucho que te extraño, no dudarías en mirarme, con tu mirada hermosa, tierna transparente y con esa sonrisa angelical, que solo una princesa tiene y que solo en ti encuentro, quiero ser quien te diga, mirándote a los ojos, te amo, porque tú eres el amor de mi vida...

QUIERO TU MIRADA

Quiero tu mirada para perderme en lo profundo de tu alma, para amarte una eternidad, quiero tu cuerpo para llenarme de ti, amarte sin fin, porque sediento estoy de ti, tu manantial es suficiente para mi sed, contigo me basta para calmar a este corazón, que cada día se enloquece, por tu amor, mis brazos extrañan el calor y la suavidad de tu cuerpo, porque con él se embriaga mi alma y todo mi ser, mi amor...

QUIERO VOLAR A TU LADO

Quiero volar a tu lado sin importar el tiempo, la distancia, no importan las tempestades que tenga que atravesar, solo quiero llegar a ti, vivir por ti, te he buscado desde hace mucho tiempo y ahora que te encuentro, voy hacia ti, a cubrirme con tus alas, a llenarte de caricias, te traeré a volar a mi cielo, donde la luna y las estrellas serán nuestros testigos del amor que siento por ti, esperar no puedo, quiero sentir tus besos, tus abrazos y tu mirada, eres el ángel que esperé y llegó a mi vida, como una lluvia de bendiciones, solo para hacerme feliz, déjame volar a tu lado, para demostrarte lo mucho que te amo, esperé por ti y ahora que te encuentro, deseo vivir a tu lado y convertirme para siempre, en tu eterno amor, porque eres el amor de mi vida...

QUIERO VOLAR TAN ALTO COMO PUEDA

Quiero volar tan alto
como pueda, quiero llegar
a donde tú estás, porque te extraño,
te extraño, porque no sé estar sin ti.
Eres mi pensamiento
eres mi respirar,
eres la parte de mi alma
que necesitaba,
y en medio de la noche
vuelo a tu lado, con el cielo
lleno de estrellas
y a la luz de la luna
te tomo entre mis brazos,
cubriendo tu rostro
de besos,
besos que vuelan
a través del tiempo,
a través de la distancia,
y caricias insaciables
que solo tú provocas,
con solo mirarte
con solo sentirte,
eres la hoguera
que calma el fuego
que hay dentro de mí,
eres el sentir,
el susurrar de la ilusión,
del sentimiento,

del cariño verdadero,
eres el extrañar
de todos los días,
como quisiera
tenerte a mi lado
para ya no extrañarte,
para ya no añorarte.
Tú, sólo tú, eres para mí,
y siempre lo serás,
el paraíso que no he tocado
y que mis ojos han mirado,
eres el tesoro
que no he descubierto
y que deseo tener,
porque tú, para mí,
lo eres todo,
mi amor...

QUISIERA DECIRTE TODO LO QUE SIENTO POR TI

Quisiera decirte todo lo que siento por ti, desde que llegaste a mi vida, me diste un giro inesperado, todo cambió, todo lo miro diferente, platico solo, me rio solo cuando pienso en ti y son las ganas que tengo de estar a tu lado no solo un momento, tampoco unas horas, quisiera estar a tu lado siempre, cómo lo he pensado, cómo lo he soñado, y escribir juntos, más que una historia de felicidad, sería una historia que no tendrá fin, porque en mis sentimientos hay un profundo amor que lo veo reflejado en el brillo de tus ojos, cuando te miró fijamente y te sonrojas, porque te das cuenta que realmente es amor, hoy que te puedo decir, que eres una gracia que llegó del cielo para que, poco a poco, descubra la hermosura de tus sentimientos y te des cuenta que mi hogar, mi verdadero hogar, está junto a ti, donde pierdo el miedo, donde te puedes abrazar con tanto amor, hoy quiero decirte, mi Vida, tú eres mi bendición, mi amor...

CPSIA information can be obtained
at www.ICGtesting.com
Printed in the USA
LVHW050003071020
668069LV00005B/400